처음이고 싶은 남자

마지막이고 싶은 여자

처음이고 싶은 남자
마지막이고 싶은 여자

세키구치 미나코 지음 | 윤성규 옮김

여자는 모든 남자의 마음에 들려고 하고,
모든 사람의 욕망을 자극하며
좋아하는 남자를 선택하는 가능성을 손에 넣으려 한다.
남자는 여자 한 사람 한 사람의 아름다움에 이끌리어,
세상의 여자를 모조리 자기 것으로
만들어 버리려고 한다.

- 프란체스코 알베로니 -

의사소통 장애였던 내가
밤의 세계로 뛰어든 이유

당신은 손님에게 "어서 오세요"라는 말조차 하지 못해 아르바이트에서 해고당한 적이 있습니까? 혹은 당신에게 호감을 느껴 고백한 이성에게 "도대체 나를 왜 좋아하는 거지… 이상해!"라며 먼저 차버린 적은 있을까요?

네, 저는 있습니다.

그런 사람이 남자와 여자의 속마음에 관한 책을 쓴다고? 이 책 산 거 실수 아니야? 이렇게 생각하시는 분들도 계실 것 같은데, 부디 안심하시기 바랍니다.

저는 열아홉 살에 쿠라부俱樂部(일본의 고급 유흥주점. 정재계, 문화계 등에서 활약하는 상류층 손님들의 사교장으로 자리 잡고 있다. 이하 '클럽'으로 통일-옮긴이)에서 호스티스 일을 시작해 은퇴할 때까지 9년 동안, 도쿄의 하치오지八王子와 긴자銀座의 클럽 전부에서 '넘버원(최고 매출)'을 계속 유지했습니다.

그렇습니다. 이 책은 무리에 끼지 못하고 주위로부터 놀림이나 받던 제가 선배 호스티스들의 가르침과 심리학 서적의 내용을 클럽에서 실천한, 미숙한 접객으로 손님에게 꾸지람을 받으며 온몸으로 터득한 '남자와 여자의 속마음'이 고스란히 담겨 있는 책입니다.

원래 저는 남성은커녕 동성의 친구조차 거의 없었습니다. 목소리는 작고, 긴장하면 말을 더듬고, 얼굴이 빨개지는 버릇까지 있었죠. 저도 '남들처럼' 예쁜 연애를 하거나, 멋진 친구를 사귀거나, 아르바이트를 하고 싶어 열심히 노력한 적이 있습니다.

하지만 부끄러운 성격 탓에 편의점, 카페에서조차 해고당해 더는 일할 곳을 찾기도 힘들었죠. 당시 저는 매일매일 '이제부터 어떻게 살아야 하지?'라고 정말 많이 고민했습니다. 집이 부유하다면 무위도식이 허락되었을지도 모르지만, 네 명의 형제자매가 있기에 어떻게든 스스로 돈을 벌며 살아야 했죠.

그렇게 절박했던 저의 선택지가 바로 호스티스라는 직업이었습니다.

당시 저는 어차피 곧바로 그만두게 될 가능성이 높지만, 현재를 바꾸려면 지금과는 전혀 다른 일을 해야 한다는 생각을 했었죠. 그렇게 저는 화려하고, 고소득에, 멋져 보이는 여성, 즉 당시의 저와는 정반대의 여성이 될 수 있을지도 모른다는 희미한 희망을 품고, 도쿄 하치오지에서 호스티스의 세계로 뛰어들었습니다.

넘버원 호스티스 S씨의 충격적인 접객법이란?

처음 몇 개월은 화장실에서 참 많이 울었습니다. 말을 잘하지 못하니 손님과 대화가 이어지지 않았습니다. 모두가 저를 바보 취급하고 비웃는 느낌에 한없이 작아졌죠. 매일 '그만두자. 아니, 나 자신을 바꿀 수 있을 때까지 하루만 더 노력해보자'의 반복이었습니다.

하지만 저는 어떻게든 저 자신을 바꾸고 싶었습니다. 그래서 당시의 넘버원이었던, 애연가에 롱드레스가 잘 어울리는 호스티스 S씨에게 가르침을 구했습니다. 넘버원이란 구름 위의 존재였기 때문에 직접 말을 걸 수는 없어서 쿠로후쿠黑服(접객을 제외한 모든 업무를 담당하는 남성 직원으로 검은 정장을 입어서 쿠로후쿠라 불림 —옮긴이)에게 부탁해, S씨의 접객을 특별히 견학할 수 있었습니다.

S씨의 접객은 놀라움의 연속이었습니다. 언제나 손님과의 대화에 짜임새가 있고, 손님의 마음을 어떻게 움직일지 완벽히 계산되어 있었죠. 예를 들어 손님에게서 사랑 고백을 받으면, S씨는 이런 대화를 주고받았습니다.

손님: S양을 진심으로 좋아하는데, 이제 내 마음 좀 알아주면 안 돼?

S씨: 나의 어디가 좋아?

손님: 귀여워!

S씨: 그리고?

손님: 착하고.

S씨: 그리고?

손님: 스타일 좋고.

S씨: 그리고, 그리고?

손님: 배려도 해주고.

S씨: 그뿐이야?

손님: 전부 다!

S씨: 그렇구나… 전부 좋은 점뿐이네. 나쁜 점도 말해줘. 난 한 번 사귀면 쭉 오래 사귀는 편이야.

손님: 나쁜 점은 없어.

S씨: 나쁜 점이 안 보인다는 것은 좋아는 하지만 사랑하지는 않는다는 거 아닐까? 우린 아직 서로 모르는 부분이 많다는 뜻이니까.

손님: 그렇지 않은데.

S씨: 아직은 서로 좋아하는 사이일 뿐이니까, 사랑하게 된다면 그때 사귀고 싶어. 정말로 ○○씨가 진지하게 말해준다면, 앞으로 긍정적으로 좋은 점도 나쁜 점도 다 보고 싶어♡

손님: 나는 S양을 사랑한다니까! 사랑하니까 다음에 같이 여행 가자!

S씨: 전 여자 친구랑 헤어진 것도 좋은 점밖에 모르다가, 나쁜 점들이 보이기 시작해서 싫어진 거라며? 나쁜 점이 안 보이는 상태에서 몸 관계 같은 건 난 전혀 생각할 수 없어.

이런 식으로 대화를 풀어가며, S씨는 손님에게 그냥 싫다고 철벽을 치는 대신 '나도 당신이 좋지만, 아직은 믿음이 없어서…'라며 능숙하게 따돌렸죠. 옆에서 지켜보던 저마저 S씨를 좋아하게 될 정도였습니다. 당연히 손님은 더더욱 마음이 끌렸을 테죠.

이 손님처럼 자신이 들인 시간과 돈에 빠져드는 것을 심리학 용어로 '매몰 비용 효과sunk cost effect'라고 하며, 특히 자존심이 높거나 자신의 잘못을 잘 인정하지 못하는 남성일수록 더욱더 빠져들기 쉽다는 것을 나중에야 알게 되었습니다.

그 이후 저는 영업이 끝난 후 새벽까지 S씨 옆에 딱 붙어서 남성의 마음을 사로잡는 문장이나 표정 짓는 법 등등 많은 접객 비결을 배웠습니다. S씨의 이야기를 노트에 받아 적고, 대본을 만들어 달달 외워가며 실천했죠.

그러자 놀랍게도 점차 저를 찾아주는 손님들이 많아졌고, 조금씩 자신감이 생겼습니다.

이전에는 툭하면 "대화가 안 되니 바꿔줘", "못생긴 건 사양이야!"라는 소리를 듣고 체인지(교체)돼서 화장실에서 우는 게 끝이었지만, 자신감이 생기고 나서는 "체인지하지 마시고, 챌린지해봐요!"라며 웃으면서 말할 수 있게 되었습니다.

그리고 1년 후, 저의 매출은 스승인 S씨를 넘어 처음으로 넘버원의 자리를 획득했습니다.

남성에게 속아 1,000만 엔 가까이 사기당하고 얻은 것

그러나 당시의 저는 단지 S씨를 흉내 내는 것에 불과했습니다. 무슨 뜻이냐 하면 진정한 남녀의 심리는 모르고 있었단 뜻입니다. 사적으로 연애 경험이 전혀 없어서, 한 남성에게 속아 1,000만

엔(대략 1억 원) 가까운 돈을 사기당하기도 했죠.

이 쓰라린 경험을 계기로 저는 매일 서점에 드나들게 되었습니다. 심리학, 자기 계발, 의사소통에 관련된 책을 닥치는 대로 사서 읽었습니다. 그때 어느 책에 남성의 진정성을 보기 위해서는 '말이 아닌 행동을 보라'고 적혀 있지 뭡니까!

'아무리 여성에게 달콤한 말을 건네도, 여성 몰래 비싼 쇼핑을 하거나 약속을 지키지 않는 것은 불성실함의 증거일 뿐이다. 하지만 여성은 감정을 소중히 하므로, 애정을 느낄 수 있는 말에 더욱더 의지하게 된다.'

책 속의 말을 통해 나 자신과 그 남성의 행동을 대조해보니 정말 딱 맞아떨어지는 것이었습니다.

연애 경험이 있거나 하다못해 남들만큼의 의사소통 능력이라도 있었다면, 이런 남녀의 엇갈리는 심리를 자연스럽게 이해할 수 있었을지도 모르지만, 당시의 제겐 무리였죠. 하지만 이런 쓰라린 경험을 한 덕분에, 저는 더더욱 남성과 여성의 깊은 부분까지 이해할 수 있게 되었습니다.

실제로 S씨에게 배운 노하우와 책으로 공부한 내용을 클럽에서 실험해보고, 손님으로부터 좋은 반응을 얻은 부분을 집중적으로 실천하면서, 저는 장장 9년 동안 넘버원을 유지할 수 있었습니다. 부모님께 집을 선물하겠다는 꿈도 이룰 수 있었죠. 개인적으로는 평범하게 연애를 한 후 결혼도 했고, 은퇴한 지금은 남녀 모두의 심리를 꿰뚫고 있는 이점을 살려 결혼상담소를 운영하고 있는 중입니다.

의사소통 장애라도 남녀의 속마음을 이해하면, 인생이 바뀔 수 있다!

지금까지 저의 행보에 대해 장황하게 이야기했는데, 제가 당신에게 전하고 싶은 것은 비록 의사소통 장애로 이성을 사귀어본 적 없는 사람이라도, 남녀의 심리나 차이에 대해 배운다면, 인생이 바뀔 수 있다는 것입니다.

이 책에서 소개하는 남녀의 속마음은 제가 밤의 긴자에서 만난 남성 손님들과 실제로 있었던 일들, 거기서 보고 들은 내밀한 남녀의 일화, 그리고 호스티스들이 직접 실천하고 있는 남성을 사로잡는 비법 등이 바탕이 되어 있습니다.

물론 이 책에서 말하는 '남성', '여성'은 단순한 성별을 넘어 '남성적인 생각이나 행동', '여성적인 생각이나 행동'에 더 가까운 의미를 가지고 있습니다. 긴자를 찾는 남성이라고 하면 '근골이 크거나, 목소리가 우렁찬 남자다움'을 떠올리는 독자가 많으실지 모르겠습니다. 그러나 실제로는 수다스럽고 서로 공감하는 것을 좋아하거나, 호스티스에게 선물하려고 손수 요리를 만들어 가져오는 여성적인 감성을 가진 손님도 적지 않죠.

그러므로 자신의 성별에 얽매여 이 책을 읽을 필요는 없습니다. 때로는 '나는 남자이지만, 실은 여성스럽다', 마찬가지로 '나는 여자이지만, 의외로 남성스럽다'라고 하는 사람도 있을 테니까요.

이 책을 통해 "나한테 왜 이런 말을 하지?", "보통 이런 짓은 안 하잖아?"라며 의아해했던 이성의 사고회로나 행동 패턴을 알 수 있다면, 그에 맞게 상대방에게 딱 맞는 말을 사용할 수 있다면, 의사소통은 놀라울 정도로 원활해질 것입니다. 그리고 부정적이거나 자신감이 없는 나 자신에게 변화를 주는 'HAPPY TIP'과, 남녀 간의 원활한 대화의 예시인 'HAPPY TALK'를 활용한다면, 당신은 보다 매력적인 사람이 될 수 있을 것입니다.

무엇보다 이 모든 것들이 제가 실제로 긴자 클럽에서 보고 배운 살아 있는 팁들이니 꼭 활용해보시기 바랍니다.

다양한 책을 통해 큰 도움을 받았던 제가 이번에는 반대로 출판의 기회를 얻을 수 있게 되어 정말 꿈만 같습니다. 독자 여러분들이 제 책을 통해 이성과의 도움이 되는 팁을 발견하기를, 괴로운 연애에 조금이라도 보탬이 되기를 바라며, 의사소통 장애였던 저의 사랑하는 마음을 담아 이 책을 보내드립니다.

– 세키구치 미나코

남들 다 하는
'평범한' 연애조차
못 하는 이유

1

남자와 여자의 속마음
연애와 섹스

1

남들 다 하는
'평범한' 연애조차 못 하는 이유

'나 같은 건'이라는
부정적 사고방식

　1장에서는 제가 밤의 긴자와 현재 운영 중인 결혼상담소에서 수없이 경험한 '인기 없는' 여성과 남성들의 공통점에 관해 이야기하고자 합니다. 아무리 돈이 많은 남자도 예쁜 여자도 이상하게 인기가 없고, 사랑을 받지 못하는 경우가 있습니다. 그리고 이들에게는 반드시 이유가 있죠.

　"키가 작은 남자와 같이할 수는 있지만, 키가 작은 콤플렉스까지는 같이할 수 없어."

　이 말은 제가 신인 호스티스였을 때, 선배가 툭하면 입에 담던 말입니다.

　호스티스로서 많은 남성을 상대한 그녀가 말하기를, 키가 작더라도 자신감 있는 남성이라면 교제하는 데 전혀 문제되지 않지만, 작은 키 콤플렉스로 의기소침한 남성과는 도저히 교제할 마음이 생기지 않는다는 것입니다.

　저는 그 말을 듣자마자 '아, 키 작은 남자가 바로 나 자신이구나!'라고 생각했습니다. 연애는커녕 정상적인 인간관계마저 못 만들고, 편의점 아르바이트마저 잘릴 정도로 의사소통 장애였던 저 말입니다.

당시의 저는 '나는 재미있는 이야기라곤 하나도 못하니까 나랑 같이 놀아줄 사람은 없을 게 뻔해', '나 같은 게 누군가를 좋아한다는 것조차 민폐가 되겠지' 같은 생각을 당연시하고 있었습니다. 심지어 클럽에서도 "저로 괜찮으세요?"라고 확인하는 비굴함을 보이며 손님을 접객할 때였죠. 하지만 선배의 말을 듣고 깨달을 수 있었습니다.

'매력의 본질은 자신감이구나.'
'키가 작다든지 예쁘지 않다든지 하는 결점 그 자체보다, 그런 결점을 본인이 어떻게 여기는지가 몇 배나 더 중요하구나.'

손님은 즐기기 위해 클럽을 방문하는데, 호스티스가 쭈뼛대면서 "저로 괜찮으세요?"라고 물으면 기분이 어떻겠습니까? 당연히 다운되기 마련이지요.

연애나 인간관계에서도 마찬가지입니다. 새로운 만남, 공감할

수 있는 상대를 찾는데, '나 같은 사람과 같이 있어도 괜찮겠어?'
라는 부정적인 기운을 내뿜는 사람이라면 어떨까요? 결코 환영
받지 못할 것입니다.

기회를 멀리하고 있는 것은 부정적인 자기 자신

남녀 관계를 넘어 인간관계나 일의 성공에서 당신이 자꾸만 멀
어지고 있다면, 그 이유가 '나 같은 건…'이라며 부정적으로 생각
하는 자기 자신 때문인지 고민할 필요가 있습니다.

우리의 뇌는 그대로 내버려두면 항상 부정적인 생각을 하게끔
되어 있다고 합니다. 왜냐하면 인류는 최악의 사태를 상정하고
그에 대비함으로써 여태껏 살아남을 수 있었기 때문이죠. 따라서
본능적으로 불안과 걱정거리가 머리에 떠오르게 되는 것입니다.
'자신감을 가지자', '긍정적으로 생각하자'라고 자신을 애써 다독
여도 말처럼 쉽지 않은 게 선천적인 이유 때문인 것이죠.

이렇게 부정적인 생각에 빠져들 때, 제가 실천하는 것이 '굿 앤
뉴Good&New'라는 팁입니다. 혼자서도 간편히 실행할 수 있고, 자
기 자신을 좋아하게 되는 계기가 될 수 있으므로, 꼭 매일매일 잠

들기 전의 습관으로 만들어보시길 바랍니다.

9년 연속 넘버원을 했으면 충분히 자신감이 찰 법하지만, 솔직히 지금도 저는 타고난 본성이 '겉도는 성격'인 탓에 자신감을 가지는 데 힘겨워합니다. 그러나 그럴수록 이 습관으로 부정적인 생각의 연쇄를 끊으려 노력하고 있죠.

제 손님 중에 '어머!?' 하고 놀랄 정도로 꽤 특징적인 용모(못생긴)를 가진 분이 계셨습니다. 이런 손님은 대게 콤플렉스로 인해 부정적인 기운을 비치기 마련이죠. 그런데 놀랍게도 그분은 실로 자신만만하고 당당했습니다. 그래서 내심 '부럽다, 정말 본받고 싶다'라고 생각했는데, 그분과 함께 클럽을 방문한 친구 분에게서 그 자신감의 원천을 알게 되었죠.

"골프장 목욕탕에서 함께 씻은 적이 있는데, 그의 ○○는 내가 본 것 중에 틀림없이 역대 톱3에 드는 크기야!"

여성이 보면 '고작 그런 이유로 자신감이?'라고 생각할 수도 있겠죠. 하지만 남성은 '고작' 그런 이유로 자신감을 가지는구나, 하고 매우 큰 공부가 되었습니다.

이처럼 어떤 것이든 자신감으로 바꿀 수 있다면, 그것은 멋진 일입니다. 그러니 당신도 당신만의 자신감의 원천을 찾아보세요!

───────── (HAPPY TIP) ─────────

부정적인 생각을 멈추고 싶을 때

'굿 앤 뉴(Good & New)'

자기 전에 오늘 하루 있었던 '좋았던 일'과 '새로운 발견'을 떠올려보세요. 부정적인 생각의 사슬을 끊고, 머릿속을 긍정적인 방향으로 전환할 수 있어요.

'눈치' 보는 것과
'배려'하는 것의 차이

    연애 관계나 인간관계에서나 자신감이 빠진 '배려'는 악영향을 줍니다. 저는 지금 호스티스 생활을 했던 경험을 살려 결혼상담소를 운영하고 있는데, 결혼 준비 중인 여성에게서 자주 듣는 말 중에 이런 말이 있습니다.

    "전 왜 인기가 없을까요? 저는 배려를 많이 하는 편이라고 생각하는데…."

    상대 남성에게 어떤 배려를 하는지 물어보면 다양한 대답이 나옵니다.

- 상대가 말하기 편하도록 듣는 역할을 충실히 한다
- 좋은 인상을 남기기 위해 무난한 반응을 한다
- 스푼이나 포크를 챙겨준다
- 요리를 덜어준다

    그러나 엄격히 말하자면, 이것들은 '배려'라기보다 '눈치'를 보고 있는 것입니다. 자신감이 없는 나머지 상대의 표정을 보고 그에 맞춰 행동하는 것이죠.

상대에게 미움 받기 싫어서, 잘 보이고 싶어서 요리를 덜어주고, 무엇을 물어도 무난한 대답밖에 못 하는 것이죠. 언뜻 보면 상대를 위한 행동처럼 보이지만, 사실은 어디까지나 겉치레일 뿐입니다.

배려의 본질은 상대방을 즐겁게 하는 것입니다. 그리고 이를 위해서는 상대를 제대로 관찰하지 않으면 의미가 없습니다. '듣는 역할에 충실하면 호감도 UP'이라고 여러 책에 쓰여 있습니다만, 그것도 정도의 문제입니다.

자신의 이야기만 늘어놓는 것은 확실히 문제가 될 수 있지만, 무슨 말에도 미소만 짓고 무난한 대답만 해버리면, '나'를 감추는 모습으로 보일 수밖에 있죠. 그러면 상대방은 당신과 장기적인 인간관계를 구축하는 것은 어렵다고 생각할 가능성이 큽니다.

'배려를 잘하는 것'과 '눈치가 빠른 것'의 경계선

접객의 프로들인 호스티스의 배려는 관찰력과 상상력을 최대로 활용하는 것이 기본입니다. 신경을 곤두세워 '어떻게 하면 손님이 좋아할지' 관찰하고 상상해서, 손님을 지루하지 않게 하는 것이지요.

손님이 심심해 보이면 "저는 골프를 좋아하는데, 골프 치세요?"라며 취미로 화두를 던지거나, 피곤해 보이면 근황을 물어보는 등 손님의 상태에 따라 배려하는 방식이 달라집니다. 혹은 손님이 내밀한 정보를 물으면, 부담스럽지 않은 범위 내에서 자신의 정보를 알려주도록 노력하죠.

이것이 진정으로 상대를 배려하는 것입니다.

'웃는 얼굴은 귀엽지만, 어떤 사람인지 전혀 모르겠다!'라고 생각되지 않게, 어떠한 배려를 하면 상대가 마음을 열어줄까 정확히 포인트를 잡는 것이 핵심이죠. 즉, 배려는 상대방의 마음의 문을 열게 하는 열쇠에 해당합니다. 상대를 즐겁게 하는 배려가 가능하다면, 연애에서 '선택 받을' 확률이 오르는 것은 물론, 상대로부터 신뢰를 받아 평상시의 대화도 잘 이어지게 됩니다.

'곧바르고 성실한' 남자가 인기 없는 이유

한편, 연애가 잘되지 않는 남성들이 공통적으로 착각하는 것이 있습니다.

"작업을 걸지 않는 것이 배려다."

예를 들어, 성실한 남성에게서 자주 듣는 고민이 있습니다.

"남사친인 기간이 깁니다. 짝사랑을 하고 있죠. 하지만 이제는 남사친이 아니라, 떳떳한 남자 친구가 되고 싶어요."

본인 딴에는 적극적으로 구애하지 않는 것이 여성을 존중하는 행동이라고 생각하지만, 유감스럽게도 이런 어중간한 행동은 너무 늦습니다. 왜냐하면 그녀 안에서는 이미 당신이 '친구'로 분류되어 버렸기 때문이죠.

여성은 만난 지 7초 만에 무의식적이고 본능적으로 '이 사람과 섹스를 할 수 있을까 없을까'를 판단한다고 합니다. 따라서 처음 만났을 때는 진지한 연애 대상으로 인식해도, 오랫동안 접근하지 않는 남성은 '연애 대상'에서 밀려나게 되는 것이죠.

그렇다면 왜 여성은 불과 몇 초 만에 상대 남성을 '연인'과 '친구'로 구분 짓는 것일까요? 그것은 다음과 같은 여성 특유의 본능 때문이라고 합니다.

몸에 부담이 가는 임신·출산에 성공하기 위해서는

연애에 실패하고 싶지 않다

↓

적당한 시간을 들여, 상대방이 성실한지 확인하고 싶다

↓

그러나 교제하기까지의 시간은 짧은 편이 좋다

↓

접근하지 않는 상대는 버리자

남성 입장에서는 불합리할 수 있지만, 여성은 '친절한 사람이 좋다'라고 생각하면서도 적극적으로 접근하지 않는 남성은 '자신감이 없어서 강하게 나올 수 없는 약한 사람'이라고 무의식적으로 판단하고, 이성으로 인식하지 않게 되는 것이죠.

또한 일편단심도 나름 괜찮지만, 한 여자에게 너무 필사적인

1章 남들 다 하는 '평범한' 연애조차 못 하는 이유

여유가 없는 남성은 그다지 인기가 없는 게 사실입니다.

- 휴일마다 '만날 수 없어?'라고 연락하는 남성
- 미움 받기 싫어서 무난한 말만 골라 하느라 이야기가 재미없는 남성

　이것이 소위 '여유가 없다'라고 말하는 상태입니다. 반대로 바람둥이 남성은 주위에 다수의 여성이 있기에 비교적 여유가 있죠. '오늘은 데이트 신청을 왜 안 하지?'라고 여성을 조바심 내게 만듦으로써, 되레 여성의 흥미를 불러일으키는 것이죠. 여성은 남성의 이런 '여유'에 사정없이 끌리게 됩니다. 그 결과 자신을 소중히 배려해주는 일편단심의 남성에게는 오히려 관심이 멀어지고, 바람둥이 남성에게 끌리게 되는 것이죠.

　제가 운영하는 결혼상담소의 여성 회원들도 처음에는 남성의 외모나 행동거지를 기준으로 선택하는 분들이 대부분입니다. 하지만 사진만 보고 "이 분은 조금…"이라며 꺼리는 여성 회원에게 저는 "정말 좋으신 분이에요. 마음이 잘 맞을 거라 생각되는데, 한번 만나보시는 것은 어떨까요?"라고 적극 추천하는데, 실제로 만

나게 되면 의기투합해 결혼에 이르는 커플들도 적지 않습니다.

　바람을 피우지 않고 따뜻한 가정을 꾸릴 수 있는 사람은, 단연코 성실하고 한결같은 남성입니다. 외모나 행동거지는 나중에라도 어떻게든 고칠 수 있습니다. 그러니 여성도 첫인상만을 보고 마음에 안 든다고 딱 잘라버리지 않았으면 좋겠습니다. 남성 나름의 서투른 배려를 '이 사람 나름대로 열심히 하고 있구나!'라고 받아들이는 여유를 가지는 것이 필요합니다. 이것이 바로 연애나 결혼에 성공하는 포인트인 것이죠.

긴자에서 '먹히는' 남성의 공통점

　그렇다면 오랜 시간 다양한 일류 남성을 접한 긴자의 호스티스들은 어떤 남성에게 '이 손님이라면 교제하고 싶다!'라고 생각할까요? 많은 상류층 손님과 만나며 알게 된 것은 부자도 종류가 있다는 것입니다.

　• 그냥 부자

- 참 부자

그냥 부자는 돈으로 호스티스를 복종시키려고 합니다. 물론 이쪽도 직업이기 때문에 그런 손님이라도 대놓고 거부하지는 않지만, 절대 마음으로 순종하지는 않죠.

그러나 참 부자들은 호스티스들에게도 배려를 해줍니다. 앞서 말했다시피 배려는 자신에게 여유가 없으면 할 수 없는 것이죠. 예를 들어 호스티스가 실수로 음료를 손님에게 엎질렀을 때, 실례되게도 호스티스는 다음과 같이 몰래 손님의 등급을 매기기도 합니다.

- 격노하는 손님은 삼류
- "괜찮아, 괜찮아"라고 말씀하시는 손님은 이류
- "○○양은 괜찮아?"라며 호스티스를 배려하고, 계산할 때 거꾸로 세탁비를 챙겨주는 손님은 일류

'비싼 돈 주고 대접받으러 온 거니까 나를 즐겁게 해줘'라는 생각밖에 하지 않는 남성은 인기가 없을 수밖에 없습니다. 반대로

자신감이 있고, 그릇이 크고, 여유가 있으면 남녀 불문 주위에 자연스럽게 사람들이 모이기 마련이죠. 그런 남성은 스스로 구애하지 않아도 구애를 받고, 여성이라면 사랑을 구하지 않아도 사랑을 받게 되는 것이지요.

──────────── HAPPY TIP ────────────

자신감을 가질 수 없을 때

리프레이밍(Reframing)

자신감을 가지자고 아무리 말해봤자 꼭 성공하는 것은 아니죠. 이때는 사물을 다른 각도로 바라보는 '리프레이밍' 방식을 습관화하는 것이 좋습니다.

예를 들어 당신이 낯가림이 심하다고 가정해보죠. 그동안 이런 성격이 결점이라서 일이 잘 풀리지 않는다고 많이 자책했을 겁니다. 그러나 오히려 이런 성격 덕분에 '다른 사람의 말을 잘 들어 준다' 또는 '신중해서 실수가 적다'라는 장점으로 재해석하는 것이죠. 이렇게 나 자신을 좋아하게 될 수 있다면, 자연스레 웃는 일이 늘어날 겁니다.

'빈대남', '집착녀'들만
꼬이는 이유

    호스티스 일을 오래 하다 보면, '빈대남' 또는 '집착녀'와 곧잘 엮이는 손님이나 호스티스를 자주 보게 됩니다.

    호스티스라는 직업은 아무래도 낮에 일하는 친구나 연인과는 생활 리듬이 다를 수밖에 없기에, 같이 여행을 가기는커녕 어울릴 시간조차 만들기 쉽지 않은 게 현실이죠. 그런 까닭에 같은 시간대에 일하는 호스트나 무직의 남성과 만나기 쉬운데, 이런 이들과 사귀게 되면 '빈대남' 문제가 발생할 가능성이 높아집니다.

    상대가 호스트라면 돈벌이가 좋은 호스티스에 의지하게 되면서, 결국 자신은 호스트를 그만두고 무직이 되어버리는 경우가 비일비재하죠. 무직이라도 함께 살면서 가사 일을 전담하거나 상대에게 충실하면 괜찮겠지만 현실이 어디 그런가요. 돈이 궁할 때만 찾을 뿐, 평소에는 다른 애인과 시간을 보내는 패턴이 대부분입니다.

    반대로, 호스티스 역시 직업 특성상 '집착녀'가 되기 쉬운 환경입니다.

    '돈을 모아 내 클럽을 가지고 싶다', '나 자신을 갈고닦아 넘버원이 되고 싶다'는 목표가 뚜렷한 경우에는 해당되지 않지만, 아무래도 호스티스를 어떻게든 꾀어보려는 유부남을 자주 접하다보니 '남성은 무조건 바람피우기 마련'이라는 편견이 생기기 쉽죠. 그 결과 남자 친구가 무심코 한 언행조차 의심스러워지게 되면서 마음에 병이 드는 경우가 많을 수밖에 없게 됩니다. 결국에는 남자를 극단적으로 속박하려 하거나, 상대의 관심을 받기 위해 돌발적인 행동을 자주 하게 되는 것이죠.

'버림받을지도 모른다는' 불안감

문제는 위와 같은 '빈대남', '집착녀'와 쉽게 엮이는 사람이 꼭 호스티스나 클럽을 찾는 손님만은 아니라는 것이지요. 여러분의 주위에도 분명 이런 이들이 있을 것입니다.

그렇다는 것은 '원래는 빈대남이나 집착녀가 아니었지만, 당신 자신이 상대를 그렇게 만들었다'는 가능성도 생각해볼 수 있지 않을까요? 반드시 원인이 100퍼센트 상대방에게만 있는 것은 아닐 수도 있다는 뜻입니다.

'좋아한다'는 연애 감정은 다음의 세 가지 감정이나 욕구가 충족되었을 때 생긴다고 합니다.

- 상대방과 함께 있고 싶고, 상대가 없으면 괴롭다는 '친화·의존 욕구'
- 상대를 위해서라면 어떤 희생을 치러도 좋다는 '원조援助 성향'
- 상대를 독차지하려는 '배타排他적 감정'

이 중에서 어느 하나라도 어긋나면, 감정이나 욕구가 부정적인 방향으로 폭주해 '빈대남' 또는 '집착녀'가 될 가능성이 있습니다. '빈대남', '집착녀'와 엮이는 것은 당신이 무의식중에 다음과 같은 행동을 하는 탓일지도 모릅니다.

- 바쁘다는 핑계로 시간을 내려고 하지 않는 등 상대를 불안하게 만드는 행동을 한다.
- 상대가 곤란해 하는 것을 눈치 채지 못하고 지나친다. 혹은 알아채도 돕지 않는다.
- 다른 이성의 존재를 암시하고, 실제로 외도를 반복한다.

사실 이런 행동은 호스티스가 손님에게 써먹는 작업 기술 중의 하나이기도 합니다. 호스티스라는 직업 자체가 손님이 자신에게 얼마나 의존하는가에 따라 승부가 갈리는 세계이기 때문이죠. 거리가 좁혀진 순간, 일부러 차갑게 굴어 '친해졌다고 생각했는데, 왜?'라는 감정을 느끼게 함으로써 클럽을 다시 찾도록 만드는 것입니다.

한편, 상대를 불안하게 만드는 언행을 하는 것은 당신 스스로 자신이 없기 때문일 수도 있습니다. '버림받기 전에 먼저 상대를 차버리고, 상처받지 않는다' 또는 '일부러 상대를 불안하게 만들어, 자신에게 의존하도록 묶어두고 싶다'라는 감정의 발로로 볼 수 있는 것입니다.

어쨌든 당신이 이런 행동들을 무의식적으로 하고 있다면, 당신은 밤의 세계에서도 성공할 가능성이 큽니다. 그러나 일상생활 속에서 너무 자주 사용하면 상대에게 상처를 주거나, 당신 스스로가 행복을 던져버리는 꼴이 되기 쉽죠. 그러니 부디 신중해야 합니다.

—————————— (HAPPY TIP) ——————————

버림받을지도 모른다는 불안감을 극복하기 위해서

나와의 작은 약속을 지킨다

'이런 나는 언젠가 버림받을 것이다', '나는 결점밖에 없으니까 상대가 좋아할 리가 없다'라고 생각하며 상대와 친해지는 것을 꺼리고 있다면, 작은 성공 체험을 차근차근 쌓아서 '나도 할 수 있다!'는 자신감을 키우는 게 중요합니다.

매일 아침 '바쁜 하루가 되겠지만 점심만은 잘 챙겨 먹자', '오늘 일은 여기까지 마무리하고 끝내자', '화장실 청소를 하자'와 같은 작은 약속들을 스스로 정하고, 그것들을 꼭 지키도록 노력해보세요.

'있는 그대로의 모습'이
괜찮을 리 없다

디즈니의 애니메이션 〈겨울왕국〉이 히트할 때부터, 저는 '있는 그대로의 모습을 당당하게' 보여주는 캐릭터 '엘사'에 매료되었습니다. 어디 저뿐이었을까요. 영화를 보지 않았어도 주제가인 'Let it go'를 듣고 '맞아, 있는 그대로의 모습은 소중하지(일본어 후렴구는 '있는 그대로의 모습을 보이는 거야, 있는 그대로의 자신이 되는 거야'이다 – 옮긴이)'라고 생각하는 여성(때로는 남성도)들도 적지 않았죠.

그런데 이 노래가 나오는 건 의외로 영화의 초반부입니다. 자신이 가진 마법 때문에 여동생 아나가 다치고, 줄곧 성에 갇혀 살아온 엘사가 여왕의 지위와 가족을 뒤로하고 '있는 그대로 살고 싶다'고 부르는 노래인 것이죠.

그러나 이야기가 후반부로 진행될수록 엘사는 마법의 힘에만 의지하지 않고 주변과 협조하며 살아가야 한다는 사실을 깨달으며 성장하게 됩니다.

즉, 〈겨울왕국〉은 사실 '있는 그대로의 모습'만으로는 행복을 가질 수 없다는 교훈을 주는 이야기입니다.

자신의 '단점'이나 '특이점'을 있는 그대로 받아들이는 것은 중요한 일입니다. 다만, 그것은 있는 그대로의 자신을 유지하라는 뜻이 결코 아닙니다.

자신의 개성을 소중히 여기는 것만큼이나 상대의 개성도 인정하고, 관계가 이어지도록 노력을 하거나, 보다 매력적으로 보일 수 있도록 궁리하는 것이 중요합니다.

'방금 자고 일어난 부스스한 머리'라는 있는 그대로의 모습으로 사랑의 기회가 쉽게 다가올까요? 직판장 같은 곳에서 흙이 잔뜩 묻은 무가 팔리는 것은 '갓 수확해서 신선하기 때문'이라고 모두가 알고 있기 때문이지요. 그러나 그런 전제가 없는 채로 매장에 진열되면 '왠지 더럽고, 맛있을 것 같지 않다'라며 손을 뻗는 사람은 줄어들기 마련이죠.

호스티스가 드레스로 치장하는 것도 같은 이유입니다. 역시 상대가 내게 한 번이라도 더 손을 뻗게 만들려면, 남녀를 불문하고 '좋아 보이게' 하는 궁리와 노력이 필요합니다.

---------------------------------- (HAPPY TIP) ----------------------------------

'현상 유지 편향(Status quo bias)'을 타파하자

먼저 외모에 변화를 주자

사람에게는 '현상 유지 편향'이 있어서, 현재의 상황에 불편을 느끼지 못하면 '변화'라는 리스크를 감수할 필요가 없다고 본능적으로 생각하기 마련입니다. 그러나 한 걸음 더 발전하고 나아가고 싶다면, 남녀 불문 외모에 변화를 주는 것을 추천합니다. '머리 스타일을 바꾼다', 혹은 '다이어트나 헬스 트레이닝으로 몸을 가꾼다' 등의 방법으로 변화를 주는 거죠. 그러면 놀랍게도 외면뿐만 아니라 내면도 변화가 가능합니다. 당연히 주위에 주는 인상도 바뀌기 때문에 새로운 만남의 기회가 확실히 많아질 것입니다.

의사소통 장애일수록
'틀'을 잡아라

저는 하치오지의 클럽에서 호스티스 인생을 시작해, 넘버원이었던 선배 S씨의 접객 비결을 완벽히 카피하고, 손님과의 대화를 하나하나 대본으로 만들며 노력해 넘버원을 차지할 수 있었습니다. 그렇게 긴자의 클럽으로 이적할 수 있었죠. 또한 연애도 남들만큼 하고 결혼까지 할 수 있게 되었습니다.

의사소통 장애 때문에 편의점 아르바이트도 잘리고, 남자 친구도 만들지 못했던 과거의 저를 생각하면, 그야말로 상전벽해 수준인 것이죠.

연애 관련 서적을 읽거나 저처럼 대본을 만드는 것에 부정적인 사람은 '연애는 어차피 매뉴얼대로 되지 않는다' 또는 '사람마다 제각각이니 대본 같은 건 의미가 없다'라고 말하곤 합니다. 하지만 저처럼 소통력이 낮은 사람은 '일반적인 대화'조차 어렵기 때문에, 원활한 대화 패턴을 흉내 내는 것이 유일한 방법입니다.

애당초 자신의 소통 방법에 어떤 잘못이 있는지, 어디를 개선해야 하는지 전혀 인지하지 못하기 때문에, 원활한 패턴을 '틀'로 기억하는 방법밖에 없는 것이죠. 만약 그래도 예상치 못한 반응에 맞닥뜨리면? 당연히 그때마다 레퍼토리를 늘려가면 됩니다.

심각한 의사소통 장애라도 이처럼 나름의 투쟁 방법이 있으니 '연애를 매뉴얼화하는 것은 의미 없다'라는 소리에 실망할 필요는 없습니다.

연애에 '밀당'은 필수!

저 자신이 그랬듯이, 자신감이 없는 사람은 상대방에게 최선을 다함으로써 사랑받기를 원하는 경우가 많습니다.

그러나 이런 일방적인 관계는 파탄이 날 수밖에 없습니다. 상대방은 '당신이 좋아서 당신 마음대로 하는 것뿐이잖아?'라고 생각할 가능성이 높기 때문입니다. 하지만 당신은 '이만큼 최선을 다하고 있는데 상대는 아무것도 해주지 않는 가엾은 나'라는 생각에 집착하게 될 가능성이 높죠. 결국에는 이런 관계가 심각해져 스토커가 되어버리는 사람도 적지 않습니다.

상대방으로부터 '부담스럽다', '귀찮다', 또는 '가끔은 다른 사람과 어울리지?'라는 소리를 듣고 싶지 않다면, 당신 스스로 사랑의 줄다리기를 걸어 주도권을 잡는 것이 제일입니다.

'밀당? 주도권? 나한테는 무리야 무리!'라고 생각할 수 있지만 안심하셔도 됩니다. 보통 사람은 '그(그녀)는 ○○한 부분이 좋아'라고 논리적으로 판단하는 것 같지만, 사실은 무의식중에 감정에 휩쓸려 판단하는 일이 대부분입니다. 무슨 뜻이냐 하면, 당신도 상대의 감정을 뒤흔듦(=밀당)으로써, 충분히 연정戀情을 만들어낼 수 있다는 것이죠.

누군가를 '사랑'하게 되면서 마음이 고조되거나 고양되는 것은 '도파민'의 작용 때문이라고 합니다. 도파민은 뇌에서 분비되는 보상체계reward system 호르몬으로, 도파민이 대량으로 분비되는 것은 다음과 같은 느낌을 가졌을 때, 즉 '기대를 했을 때'라고 하죠.

- 이 사람이라면 나를 제대로 평가해줄 것 같다
- 그림의 떡이지만 그(그녀)를 유혹할 수 있을 것 같다
- 도박으로 상대를 이길 수 있을지도 모른다
- 이 아이돌은 아직 유명하지 않으니, 내가 응원해줘야 해

이처럼 기대감이 커질수록 도파민이 대량 분비되어 '좋은 기

분'을 느끼기 때문에, '더, 더, 더' 도파민에 중독되는 것이죠. 따라서 도파민이 나오기 쉬운 상황을 의도적으로 만들 수 있다면 어떻게 될까요? 당연히 사랑이 잘 풀릴 확률이 올라가게 됩니다.

예를 들어, 아무리 작업을 걸어도 넘어오지 않는 호스티스를 상상해보죠. 화가 난 손님이 '다시는 여기에 오지 않을 거야!'라고 말할 때 호스티스는 어떻게 반응하는 게 좋을까요?

당황하는 대신 '나도 더는 여기에 오지 않는 편이 좋다고 생각해. 내 안에서 당신은 이미 손님이 아닌걸'이라고 되받아치면 어떻게 될까요? 그러면 손님은 '아, 나를 이제 단순한 손님이 아닌 특별한 존재로 생각해주는구나!'라고 다시 기대감이 높아지지 않을까요? 호스티스가 '안 와도 좋아'라고 말했음에도 불구하고, 결국 손님은 클럽을 계속 찾게 되는 것이죠.

정리하면, 손님의 머릿속에 '넘어왔다', 혹은 '아예 가망이 없다'는 확고한 생각이 들면 도파민이 더 이상 분비되지 않기 때문에, '손에 넣을 듯 말 듯한' 경계선을 넘나들며 기대감을 불러일으키기 위한 밀당이 필요하다는 것입니다.

─────────── (HAPPY TIP) ───────────

상대가 '아쉬움'이 남도록 연출하자

채팅은 상대의 답장으로 끝마치자

'더 이야기하고 싶은데…'라는 애태움이 당신을 더욱 그립게 하는 원동력이 됩니다. 따라서 채팅은 자신의 메시지로 끝내지 않고, 상대방의 대답으로 끝내도록 하는 게 좋습니다.

속마음을 모르기 때문에
대처법을 모르는 것

　제가 밤의 긴자에서 배운 것은 남녀 모두 '자신감'이 중요하다
는 것입니다. 그리고 '남성과 여성의 대화 방식은 완전히 다르다'
라는 것이죠.

　예를 들어, 불륜을 상습적으로 하는 손님이 있다고 칩시다. 이
들은 '아내와는 사이가 좋지 않아서'라는 빤한 말로 호스티스에
게 작업을 거는데, 이에 속아 진심이 된 호스티스가 이혼을 강요
하면 '아내와는 사이가 좋지 않지만, 아이를 위해서 이혼은 하고
싶지 않다'라고 일관하죠.

　결국 여러 불륜 현장을 보고 느낀 것은, 남성이 말하는 '아내와
사이가 좋지 않다'라는 말은 절대 믿을 게 못 된다는 것입니다. 남
성이 얘기하는 불화는 '아내가 아이에게만 매달려 자신을 챙겨주
지 않는다', '과음했다고 혼났다'라는 정도에 불과합니다. 여성이
생각하는 '불화'는 관계가 식을 대로 식어서 심각한 상태인 것에
비하면 말이죠. 이러한 차이에서 큰 착각과 비극이 일어나는 것
입니다.

　또한 남성에게 자주 듣는 고민으로 '아무거나 괜찮아'라고 여
성이 말해서 적당한 레스토랑을 정했는데, 왜 여성은 불평하는지

모르겠다는 것이 있습니다.

그러나 여기서 여성이 말하는 '아무거나'는 '무엇이 좋은지 모르겠다', 또는 '결정을 못 하겠다'는 뜻입니다. 무엇이 좋은지 명확히 모르기 때문에 일단 '아무거나'라고 말했지만, 머릿속으로는 끊임없이 '무엇이 좋을지(절대 아무거나 좋은 게 아닌)' 고민하고 있는 것이죠.

이런 여성의 내밀한 심리를 이해하고 있는 남성들은 '이탈리안? 일식?', '푸짐한 거? 가벼운 거?' 등의 구체적인 질문으로 결정하기 쉽도록 여성을 이끌어 갑니다. 반면, 인기가 없는 남성은 여성이 진짜 아무거나 상관없는 줄 알고 자신이 원하는 레스토랑으로 정하고 말죠. 당연히 여성은 기분이 다운될 수밖에요. 이를 이해하지 못 하는 남성은 결국 '아무거나 괜찮다면서…'라며 분위기를 어색하게 만들게 되고, 다음 데이트로 이어지지 않는 안타까운 결과를 맞이하게 될 가능성이 큽니다.

남녀 모두 상대방의 내면을 제대로 파악하는 것은 교제를 이어나가는 데 있어 매우 중요한 일입니다. 속마음을 이해한다면 시간을 낭비하거나, 상대에게 휘둘리지 않아도 되기 때문이죠.

'남성과 여성의 본심'을 아는 것이 행복의 첫걸음

호스티스 시절부터 결혼상담소를 운영하는 지금까지 수많은 남녀를 접하며 실감하는 것은 다음과 같은 유형의 남녀가 정말 많다는 것입니다.

- 여성을 헤아리지 못 하는 남성
- '헤아려줘!'라고 바라기만 하는 여성

남성들은 '잘하면 오늘 애랑 잘 수 있을까?'라는 본능적인 레이더가 항상 작동 중이기 때문에 자신에게 호의적인 여성의 사인은 금방 포착합니다. 하지만 그 외의 사인은 절대 모르죠. '기념일을 소중히 해주었으면 한다' 혹은 '채팅 답장을 좀 더 부지런히 해주었으면 한다' 등의 여성의 '헤아려주길 바라는 마음' 말입니다. 아쉽게도 이런 여성의 마음은 남성에게는 일절 전해지지 않습니다.

'○○를 갖고 싶다'라고 응석부리는 여성에게 남성이 끌리는 것 또한 그 때문입니다. 이는 호스티스의 작업 기술 중에 하나인데, 자기주장이나 감정 표현을 분명히 하는 것이죠. 남성들은 이런 유

1장 남들 다 하는 '평범한' 연애조차 못 하는 이유

형의 여성이 이해하기 쉽기에 같이 있으면 더 즐거워집니다.

문제는 여성은 '여성스럽게 행동해야 한다'라고 어릴 적부터 귀가 닳도록 교육받으며 자라는 경우가 많다는 것입니다. 그 탓에 '나는 무엇을 하고 싶어'라고 명확히 자기주장을 하거나, 상대에게 이것저것 요구하는 것을 어려워하게 되죠. 남자 친구에게 '일만 하지 말고 가끔은 휴일에 놀러가자'라는 한마디조차 하기 어려울 정도로 말이죠. 결국에는 '친구인 ○○는 남자 친구랑 하와이에 놀러갔대'라며 돌려 말하거나, 이유도 말하지 않고 '어차피 나는 중요하지 않은 거지?'라며 서운해 할 뿐인데, 유감스럽게도 이것은 잘못된 전략입니다. 남성에게 '헤아려주기'를 바라는 것은 시간 낭비일 뿐이기 때문이죠.

즉, 남성에게 요구할 때는 노골적으로 전달해야 합니다. 아니면 평생 그들에게 전달되지 않습니다.

다만 서로가 이런 속마음을 이해한다면, 남성은 '헤아리려는 노력', 여성은 '전달하는 노력'을 할 수 있으므로, 애정이나 관계를 돈독히 해나갈 수 있게 된다는 것입니다.

다음 2장부터는 '연애와 섹스', '의사소통', 그리고 '그린라이트 시그널'로 남녀의 속마음을 보다 깊이 파헤칠 예정입니다. 만남의 장소나 데이트, 상대방과의 교제 속에서 실제로 활용해보세요.

HAPPY TIP

속마음을 밝혀내라

생각하는 시간이 짧을수록 속마음이 드러나는 법

사람은 생각하는 시간이 길어질수록 이성적인 판단을 하게 됩니다. 반면, 생각하는 시간이 짧으면 자신이 원래 가지고 있는 본성에 가까운 판단을 내리기 쉽죠.

"A씨와 B씨, 어느 쪽이 좋아?", 혹은 "너는 욜로(You Only Live Once)족이야? 아니면 파이어(Financial Independence, Retire Early)족이야?" 같은 질문처럼 상대방의 본성을 알고 싶을 때는 짧은 시간으로 제한을 두고 대답을 재촉해보세요. '이렇게 대답하는 것이 상대방에게 좋은 인상을 줄 수 있을 거야'라는 이성적인 계산이 작용하지 않기에, 그의 본성을 알 수 있는 좋은 방법입니다.

2

남자와 여자의 속마음

연애와 섹스

본능

남자의 목표는 단 하룻밤,
여자의 목표는 단 한 사람

여성들이 들으면 눈살 찌푸릴 이야기이지만, 제가 긴자의 밤에서 겪은 남성들은 여성을 세 종류로 분류합니다.

- 귀엽다(하고 싶다)
- 평범하다(할 수 있다)
- 못생겼다(할 수 없다)

생리적으로 씨를 뿌리는 쪽인 남성은 '하룻밤이 목적'인 생물입니다. 그러면서도 어처구니없는 게 하룻밤 관계에 성공하면 '나 아직 죽지 않았네!'라고 희열을 느끼면서도 '작업에 성공하기는 했는데… 가벼운 여자한테 진심이긴 어렵지'라며 제대로 된 교제를 꺼리는 성향을 보인다는 것입니다.

그에 반해, 임신이나 출산으로 인해 거동이 어려워질 리스크가 있는 여성은 본능적으로 자신을 돌볼 수 있는 남성을 찾게 됩니다. 무책임한 카사노바 같은 남자와 교제하게 되면 생업, 집안일, 육아를 혼자 떠맡는 상태가 될 수도 있기 때문이죠. 따라서 쉽게 몸을 허락하지 않음으로써 자신의 가치를 높이고, 경쟁을 이겨낸

성실하고 우수한 남성과 아이를 만들려고 노력하는 것입니다.

원나잇스탠드(ONS, one-night stand)를
원맨스탠드(OMS, one-man stand)로 바꾸는 방법

만일 남성과 하룻밤을 보낸 경우, 그리고 그와 진지하게 잘 해보고 싶다고 생각한다면, 절대로 먼저 연락해서는 안 됩니다. 즐거운 밤을 보냈는데 아무리 기다려도 연락이 없어서, 기다림에 지쳐 '어떻게 지내?'라고 메시지를 보내버리면?

당신이 그의 단 한 사람이 되는 것은 불가능에 가깝습니다. 행여나 그가 다시 보자고 한들 그것은 당신을 또 한 번의 하룻밤 상대로 여기는 것에 불과하죠.

중요한 것은 남자의 입장에서 생각해보는 것입니다. 남자 입장에서 당신이 이상형도 아니고, 당신이 연락조차 없다면, 그는 그대로 사라질 것입니다. 이런 경우는 어차피 가망이 없는 상태이니, 발 빠르게 포기하는 것이 현명하죠.

그런데 만약 당신이 이상형인데, 당신이 먼저 연락이 없다면 남자 입장에서는 어떨까요? '왜 연락이 없을까? 내가 별로였나?', '모처럼 괜찮은 사람을 만났는데 이대로 끝내도 될까?'라는 기분이 들 수밖에 없습니다.

이것이 '먼저 연락하지 않는' 행동을 취함으로써, (하룻밤 관계로) 떨어져버린 당신의 가치를 다시 올릴 수 있는 기회인 것입니다.

물론 그에게서 먼저 답장이 왔다고, 당신이 그의 단 한 사람이 되었는지 여전히 하룻밤 관계인지는 아직 모릅니다. 들뜨기에는 아직 이르죠.

따라서 진심으로 당신을 마음에 담을 때까지는, 데이트를 신청 받아도 '그날은 일이 빨리 끝나기는 하는데, 무슨 일이야?' 정도의 미지근한 온도로 답장을 보내는 것이 현명합니다.

육식 호스티스는 본능에 충실?!

호스티스는 직업 특성상 달라붙는 손님을 쫓아버려야 하는 것이 일이기 때문에, 소위 말하는 원나잇을 하는 경우가 의외로 많지 않습니다. 하지만 호스티스도 사람이기에 손님과 교제하고 결혼하는 예도 있는 게 현실이죠.

마음에 드는 손님이 왔을 때, 먼저 작업을 거는 육식녀(여성미보다 남성적 성격이 짙고, 남성을 리드하는 여성 – 옮긴이)도 드물지만 분명 있습니다. 이들은 따로 대가를 바라지도 않고, 그렇다고 먼저 연락도 자주 하지 않는 경우가 대부분입니다. 그런데 그런 호스티스일수록 남성이 열렬히 추종하는 '한 사람'이 되는 경우가 많습니다. 정말 신기한 일이죠.

인간에 가까운 고릴라의 세계에서는 암컷이 발정하지 않으면 수컷도 발정하지 않는다고 합니다. 암컷이 교미의 주도권을 쥐고 있다는 뜻이죠. 발정한 암컷이 섹시한 몸짓으로 수컷을 유혹하고, 유혹받은 수컷은 반드시 기대에 부응하게 됩니다. 이런 관점에서 보면, 스스로 작업을 거는 여성은 보다 본능에 충실한 것일지도 모르겠습니다.

—————————————— HAPPY TALK ——————————————

하룻밤이 목적인 상대에게 해서는 안 되는 말

여자: "기쁘다♡ 우리 꼭 또 봐요."

하룻밤이 목적인 남성에게 다시 연락이 와도 이런 식으로 적극적으로 답장을 하는 것은 좋지 않습니다. '오, 두 번째도 가능하겠네!'라고 생각하게 만들 뿐이니까요. 그보다는 조금 도도하게 답장하는 것이 상대방이 진심이 될 가능성이 높답니다.

남자: "오랜만이야! 지금 친구들이랑 모여 있는데…."

하룻밤을 보낸 여성에게 오랜만에 이런 식의 채팅이나 메일을 하면, 여성은 '친구들끼리 만나서 들떠 연락한 것뿐이네'라고 받아들일 뿐입니다. 그러니 적어도 '계속 신경이 쓰였는데, 바빠서 연락하지 못했어. 정말 미안해'라고 사과부터 하는 것이 좋습니다.

남자는 '첫사랑'이 되고 싶고,
여자는 '끝사랑'이 되고 싶다

긴자에서 오래 일하면서 실감한 것은 '남성은 상상했던 것보다 굉장히 섬세하다!'는 것입니다. 동료 호스티스와 함께 호스트 클럽에 갔다가 이 사실을 절감한 적도 있었죠. 예를 들어 남성 호스트들이 일부러 다른 자리에서 신나게 떠드는 모습을 보여서 여성 손님들 사이에 질투를 부추기지 뭡니까. 마치 '내가 더 비싼 샴페인을 주문했으니, 나랑 더 같이 있어줘'라며 여성들을 경쟁하게끔 만드는 것이죠.

하지만 긴자 클럽에서는 이런 접객은 절대 있을 수 없는 일입니다. 이런 접객을 하면 남자 손님은 '나만 손님이 아니구나' 혹은 '나는 특별하지 않구나'라며 실망할 뿐이죠. 그래서 호스티스들은 질투심을 부추기기는 하지만, 절대 다른 손님과 비교하는 일은 없습니다.

고스펙의 남성도 타인과 비교될 가능성에 겁먹는다!

인상적이었던 손님이 기억납니다. 여러 회사를 경영하며 자신만만한 손님이었죠. 그런데 클럽에만 오면 대학 입시에 실패했던 옛 기억을 떠올리며 푸념을 하는 것이었습니다. 이미 출신 대학을 따질 필요 없이 성공했는데도, 내면에서는 아직 그때의 아픔을 소화하지 못하고 있었던 것이죠.

　남성은 신체 사이즈나 연 수입, 직업 등의 알기 쉬운 스펙들로 비교되는 일들이 많습니다. 그러나 최고가 될 수 있는 남성은 극히 일부에 불과하죠. 따라서 항상 '누군가와 비교돼 질 수도 있다'는 불안에 떨고 있는지도 모릅니다.

　이렇게 생각하면, 남성이 젊은 여성을 선호하는 것도 어느 정도 납득이 갑니다. 여성이 젊다면 자신이 '첫 남자'가 될 가능성이 크며, 설령 다른 남자와 사귀었대도 표본 수가 적을 테니까요. 비교 대상이 적으니 어느 정도 안심하게 된다는 것입니다.

　남성이 여성에게 요구하는 것은 정도의 차이는 있을지언정 '이런 거 처음이야♡'라고 하는 처녀성인 것은 의심의 여지가 없는 사실입니다. 사실은 겁쟁이임을 들키고 싶지 않기 때문에 공개적으로는 절대 말하지 않지만, 이것이 바로 남자의 본심이죠.

　따라서 남성이 과거의 연애를 물어보아도 여성은 절대 사실대로 이야기하지 않는 것이 상책이죠. 행여나 19금 이야기를 시작하면 '부끄러운 태도'를 취하는 게 필수입니다.

실패하고 싶지 않은 여성은 남성의 경험치를 중시한다

반대로, 여성은 연애 경험이 없는 남성보다 경험이 풍부한 남성에게 매력을 느끼는 것이 일반적입니다. 요즘은 경험치가 높은 연상녀와 연하남의 조합도 늘고 있지만, 그래도 아직은 소수에 불과하죠. 여성도 물론 사랑하는 상대에게 어떤 과거가 있는지 궁금하지만, 그보다는 '이렇게 푹 빠진 건 너뿐이야!' 같은 특별한 존재, 즉 '마지막 여자'가 되고 싶어 합니다. 역시 임신과 출산의 리스크가 있는 만큼 잘못된 상대를 피하고자 상대의 경험치를 중시하는 것이죠.

위에 이야기했던 호스트 클럽에서의 여자끼리의 싸움도 '마지막 여자'의 자리를 둘러싼 것이라고 할 수 있습니다. 자신이 원하는 호스트와 함께 '라스트 송(마감 전, 가장 많은 매출을 낸 호스트가 그에 공헌해준 손님과 함께 노래 부르는 것–옮긴이)을 부르는 것은 나야'라는 생각이 여성을 경쟁으로 뛰어들게 하는 것이죠.

따라서 남성은 여성에게 데이트를 청할 때, 사전 조사를 철저하게 해야 합니다. 연애 경험이 부족하다면, 미리 특정 장소까지의 동선이나 레스토랑의 상태를 파악해두는 것이 좋죠. 무리할 필요는 없지만, '할 수 있는 일은 모두 준비하는' 자세를 잊지 말아야 합니다.

───────────── (HAPPY TALK) ─────────────

상대를 기쁘게 해주고 싶을 때

여자: "이런 거 처음이야♡"

설령 가본 적이 있는 식당이라도 이렇게 말하는 것이 정답입니다. 호스티스는 몇 번이나 같은 레스토랑에 가는 일이 있습니다만, 매번 이 말을 입에 담죠. 여자의 연기는 죄가 아닙니다.

남자: "이렇게까지 누군가를 좋아하게 된 건, 너뿐이야!"

유일무이한 특별한 존재라고 생각되게 하는 것이 '마지막 여자'가 되고 싶은 여성을 기쁘게 하는 포인트입니다.

남자는 '자랑할 수 있는 여자', 여자는 '자기 취향의 남자'

의외일 수 있지만, 긴자의 클럽에는 과거에 호스티스 생활을 한 분이나 자영업을 하는 여성 손님도 가끔 방문하고는 합니다. 그리고 이들이 이상형에 관해 나누는 대화를 듣고 있으면, 남성과 여성이 확연한 차이를 가지고 있다는 것을 깨닫게 되죠.

남성은 보통 '여자 아나운서의 ○○은 좋지', '스튜어디스도 섹시하지', 혹은 '모델의 XX도 좋은데'라는 식으로 여성들의 이름과 직함을 같이 부르며 평가합니다. 그래서인지 일반적으로 인기 많은 타입이 아닌 통통한 여자나 성격이 어두운 여성을 좋아하는 남자가 있으면, 취향이 독특하다며 서로 놀리거나 야유를 하기도 하죠.

이처럼 누구나 인정할 만한 미녀와 결혼하는 것을 성공의 증거로 삼는다는 뜻의 '트로피 와이프Trophy Wife'라는 말이 있듯이, 남성들은 자신보다 타인의 눈을 의식하며 여성을 선택하는 경향이 있습니다. 성공한 사람들이 결혼이나 이혼을 반복하는 원인 중의 하나도 주위에서 어떻게 생각하느냐에 따라 상대를 선택하기 때문일지도 모르죠.

2장 남자와 여자의 속마음 —— 연애와 섹스

반면, 여성들은 '나는 손이 예쁜 사람이 좋아. 배우 ○○가 피아노를 치고 있는데 느낌이 딱 왔어!', '책 이야기를 할 수 있는, 독서를 좋아하는 사람이 내 타입이야', 또는 '몸이 좋지 않으면 관심이 안 가' 같은 각자 자신의 이상형을 이야기하며, '그 느낌 알 것 같아'라고 공감하기 바쁘죠. 서로 좋아하는 타입이 달라도 상대방의 취향을 놀리는 일은 거의 없습니다.

물론 '키 175센티미터 이상', '연봉 800만 엔 이상' 등으로 스펙을 중시하는 여성도 많습니다만, 그것은 어디까지나 1차 선발 기준일 뿐이죠. 이 기준을 통과한 남성 중에서 자신의 마음에 드는 남성을 찾아내려 노력하는 것입니다.

즉, 여성은 남성을 '같이 아이를 만들고, 함께 길러가는 상대'로 보기에, 아무리 인기가 많은 남자라도 자신이 좋다고 생각하지 않으면 눈길도 주지 않는 경향이 큰 것이죠.

한번은 누구나 부러워하는 고스펙의 남성과 약혼한 선배 호스티스가 결혼 직전에 파혼한 대사건이 있었는데, 그 이유가 '깍지 끼고 손을 잡았는데, 관절이 딱딱 부딪쳐 잘 맞지 않기 때문'이라고 하더군요. '고작 그런 이유로?'라고 생각할 수도 있지만, 선배에게는 상대와 접촉함으로써 얻을 수 있는 좋은 기분이나 안도감을 얻지 못한다는 것이 큰 문제였겠죠.

이처럼 자신의 취향에 충실하고, 약간의 위화감도 참지 못하는 것이 바로 여성이라는 생물입니다.

남성에게는 '불화', 여성에게는 '공감'으로 접근

따라서 남성을 공략하기 위해서는 여성 자신의 가치를 높이는 것이 최고입니다. 무엇보다 가장 효과적인 것이 한 번 다른 남성으로부터 인정받은 적이 있는, 즉 '남자 친구가 있는 여성'이 되는 것입니다. 단, 남자 친구와 여전히 끈끈한 사이라면 접근하지 않을 가능성이 높기 때문에 '요즘은 잘 되고 있지 않다'라며 빈틈을 보여야 남성의 관심을 끄는 것이 가능합니다.

현재 남자 친구가 없는 여성이라면, 남자 친구의 유무를 확실히 밝히지 않는 것도 한 가지 방법입니다. 그 애매한 상태가 남성을 안달하게 만드는 포인트가 될 수 있죠.

하지만 취향이 세분화되어 있는 여성을 공략하는 것은 역시나

쉽지 않은데, 가장 좋은 방법은 '공감'이라고 생각합니다. 단, 공감하겠다면서 잠자코 여성의 이야기를 듣기만 할 뿐이라면 어떨까요? '내가 재미가 없는 것일까? 대화가 안 통하네'라고 생각할 공산이 큽니다.

"나는 그런 것은 잘 모르지만, ○○의 그러한 생각, 좋은 것 같아."

따라서 이런 식으로 공감을 표현해, 여성의 눈에 드는 것을 목표로 해보세요.

──────────── **HAPPY TALK** ────────────

좋아하는 상대와 가까워지고 싶을 때

여자: "요즘, 남친과 자주 싸워서…."

남자 친구가 있다는 말은 이미 누군가에게 선택받은 가치 있는 여성이라는 뜻이기도 합니다. 상대가 마음에 든다면 '자주 싸운다'라고 빈틈을 보임으로써 상대가 접근하는 계기를 만들 수도 있습니다.

남자: "○○의 그런 생각, 좋은 것 같아!"

취향이 세분된 여성에게는 무엇이 효과적인지 잘 모를 수밖에 없습니다. 이때는 먼저 공감을 나타내며 마음의 거리를 좁힐 수 있도록 합시다.

 **연애 스타일**

남자는 순애보 스토리,
여자는 신데렐라 스토리

당연한 소리지만 연애 스타일은 사람마다 차이가 있습니다. 동등한 동급생끼리의 관계도 있고, 상대방의 투정을 받아주는 모성애(부성애)적인 관계도 있죠. 또는 사제師弟 관계와 같은 남녀도 있는가 하면, 상호 간에 자극이 되어 서로 의식을 높여가는 것을 즐기는 남녀도 있습니다.

그렇다고는 하나, 역시 여기에도 남녀 차이가 있다고 저는 생각합니다. 그래서 골수 오타쿠 기질을 가지고 있던 저는 남성 손님이 어떤 연애 스타일을 편안하게 느끼는지, 다양한 여성상을 연기하면서 상대의 취향을 찾으려 노력한 적도 있죠. 예를 들면 이런 식입니다.

청초한 순애보 타입

처음 만난 날을 반드시 기억하고, '우리 첫 만남으로부터 벌써 반년이네', '벌써 1년이네'라며 특별함을 연출하는 스타일. 생일 같은 기념일을 빨리 알아내 연간 계획을 세워 접근하는 방식.

여왕님 타입

강력한 세디스틱sadistic한 태도가 포인트. 고가의 샴페인도 "괜찮지?"라며 팍팍 주문시키는 영업 스타일.

모성애 타입

한 사람 한 사람을 '애인'으로 설정하고, 거리감도 30센티미터 이내로 가까이 다가간다. 물수건으로 얼굴을 닦아주거나, 음료수를 입에 대주거나, 때로는 꾸짖기도 하고, 그리고 많이 하는 스타일.

'여왕님' 타입은 손님이 무리할 가능성이 높기 때문에 오래 관계를 지속하기에는 힘든 스타일입니다. 한번은 죄송하게도 연봉 400만 엔의 손님을 한 달 만에 200만 엔이나 쓰게 만들어, 다시는 올 수 없게 만든 적도 있었죠.

'모성애' 타입도 하치오지 클럽에서는 통했지만, 긴자에서는 느긋하게 대화를 즐기고 싶어 하는 손님이 많아 불가능했습니다. 결국 최종적으로 남은 것이 '청초한 순애보' 타입이었죠.

평상시는 '바보 취급당하기' 싫은 탓에 겉으로 표현하지는 않지만, 아무리 (여성과) 노는 것에 익숙하고 쿨하게 보여도, 남성들은 아무래도 순애보가 최고입니다. 저 역시 이 순애보 스타일로 손님을 놓친 적이 거의 없을 정도죠.

실제로 조금 민망할 정도로 얼굴을 붉히게 하는 순애보적인 멘트가 의외로 남성에게는 잘 먹힙니다. 참고로 다음에 소개할 것은 제가 실제로 손님께 보낸 메시지입니다.

- 지금 ○○씨와 보낸 1년을 생각하고 있었어. 믿을 수 있는 파트너를 만난 나는 정말 행운아예요. 처음에는 이렇게나 순수하게 사람을 만날 수 있을 줄, 따뜻한 기분이 될 줄 몰랐어요. 이런 기분을 느끼게 해준 ○○씨에게 정말 감사드립니다. 2년째도 잘 부탁드립니다. (2주년 기념 메시지)
- 생각해봤는데… 새해 첫날 0시가 되는 순간은 중요하니까, 다른 손님과는 보내고 싶지 않아. (연말 이벤트로 상대를 클럽에 부르는 경우)

여성들의 눈에는 '단순한 영업 문자'로 보이겠죠. 하지만 영업이라는 걸 알면서도 '어쩌면 정말 날 좋아하는가 보다'라고 생각하는 게 바로 남자입니다.

그렇다면 여성들은 어떨까요?

여성은 기본적으로 신데렐라 스토리를 매우 좋아합니다. 왕자님과 운명적으로 만나는 것에 대한 동경은 정도의 차이는 있을지언정 누구나 한 번쯤은 가져보지 않았을까요?

그동안 연애나 호스티스 일의 참고자료로 많은 한국 드라마를 시청했는데, 역시나 운명 같은 만남은 절대 남녀관계에서 빼먹을 수 없는 것입니다. 예를 들어 어린 시절 만났던 남녀가 어른이 된 후 운명적인 재회를 하고, 몇 번이나 길가나 식당에서 마주치는 일을 반복하며 거리를 좁혀나가는 식의 스토리 말이죠. 이렇게 운명적 만남이 많이 연출되는 것은 역시 드라마의 주된 시청자는 여성이기 때문입니다. 여성의 동경이 투영되어 있는 것이죠.

물론 이런 극적인 만남이 현실에서는 좀처럼 없다는 것을 우리는 잘 알고 있습니다. 그러나 머리로는 알고 있어도 상대방과 공통점이 많거나, 연락하려고 생각한 타이밍에 저쪽에서 메시지가 오거나 하면, '어쩌면 운명의 상대일지도 몰라'라는 마음이 싹트기 마련이죠.

솔직한 감정 표현에 기뻐하는 남성, 운명에 심쿵하는 여성

따라서 당신이 남성의 연애 스타일을 잘 모르겠다면, 잘 노는 여자보다 상대를 진지하게 생각해주는 순수한 여자를 연기하는 것이 정답입니다.

구체적으로는 감동했을 때, 즐거울 때, 기쁠 때는 반드시 당신의 감정을 솔직하게 표현하는 것을 추천합니다. 남성은 상대의 기분을 헤아리는 것이 서투르기에, 알기 쉽게 감정을 표현하는 여성을 솔직하다고, 즉 순수하다고 느낄 가능성이 높습니다.

단, 주의할 점이 있습니다. 상대에게 과하게 진심을 다하거나 오로지 상대만을 생각하는 것은 순애보가 아닌 집착이라는 것이죠. 따라서 자신만의 시간을 가지면서도, 함께 있을 때만큼은 눈앞의 상대에게 100퍼센트 집중하는 자세가 필요합니다.

이처럼 남성에게 당신을 '운명의 상대'로 느끼게 하려면, 공통의 화제로 '알 것 같아, 알아!', '정말 그래!'라고 공감하며, 얼마나 흥이 돋는가가 승부처입니다.

채팅을 할 때도 메시지를 보내는 간격(즉답형인가, 3시간에 한 번 답장하는 정도인가), 스탬프나 구두점의 사용법, 문장의 길이나 규칙 등등을 가능한 한 상대의 채팅 버릇에 맞추면 어떻게 될까요? '뭔가, 이 사람과 나랑 닮았다', '이야기하기 쉽다'라고 상대방이 생각하게 된답니다.

HAPPY TALK

호감도를 높여 연애로 발전하고 싶을 때

여자: "맛있다! ○○랑 같이 먹어서 그런가?♡"
'맛있다'만 말하는 것도 괜찮지만, 더 나아가 '당신과 함께여서'라는 멘트를 덧붙이면, 그를 사로잡을 가능성이 높아집니다.

남자: "나도 그렇게 생각했어. 똑같네!"
닮은 점이 많다고 느끼게 함으로써 '이렇게 공통점이 많구나, 운명의 상대일지도 몰라'라고 생각하게 할 수 있습니다.

 **인기 비결**

남자는 망설임 없는 대시를, 여자는 Give & No Take를

후배 호스티스에게서 종종 '메시지를 보내도 손님이 답장이 없다'는 상담을 받습니다만, 사실 영업적인 메시지에 성실하게 답장해주는 손님은 그리 많지 않습니다.

그렇기에 숙련된 호스티스는 똑같은 글을 손님들에게 보내지 않죠. 클럽에서 직접 나눴던 대화를 바탕으로 손님이 클럽을 다시 찾을 수 있도록 유인하는 개인적인 메시지를 작성하는 것입니다.

물론 글이 어떻든 부지런히 답장을 해주는 손님도 있습니다. 그런 손님들의 공통점은 인기가 무척 많다는 것이죠. 그렇다고 그들이 외모나 재력이 특별히 뛰어나서 인기가 있는 것은 아닙니다. 하지만 딱 하나, 다른 남성들보다 월등히 뛰어난 능력이 그들에게는 있죠.

바로 '대시가 빠르다'는 것입니다. 채팅에 대한 답장만이 아닙니다. 예를 들어 상대가 영화 이야기를 화두로 던지면 '그럼 같이 보러 가자!'고 곧바로 반응하고, 눈 깜짝할 사이에 일정을 조정하죠. 한마디로 타이밍을 놓치지 않는 것입니다. 이러니 연애의 기회가 자연스럽게 늘 수밖에요.

진정한 인기녀는 남성들로부터 받기만 하지 않는다!

인기 있는 여성이라면 어떤 이미지가 떠오르나요? '남성들이 비행기 태워주고, 멋진 호텔에서 호화로운 저녁을 사주는' 이미지를 떠올릴지도 모르겠습니다만, 그것은 큰 착각입니다.

진정한 인기녀는 남성에게 무언가를 받기만(Take) 하는 것이 아니라, 무언가를 내어줄(Give) 수 있는 사람입니다. 긴자의 클럽에서 전설의 호스티스로 불리던 선배가 있었습니다. 연애에도 성공해 연매출 100억 엔이 넘는 기업을 여럿 경영하는 기업가의 아내 자리를 당당히 꿰찬 선배죠. 하지만 그녀는 남편에게만 의지하지 않고 미용 관련 회사를 차려 스스로 경영자의 길을 걷고 있습니다. 자원봉사에도 힘써 후배 호스티스들의 롤 모델이기도 하죠.

대가를 바라지 않는 행동이 마음과 지갑을 열게 만든다

상대에게 받기만 하는 인기녀는 대가를 바라지 않고 행동하는 인기녀를 절대 이길 수 없습니다. 저 역시 호스티스를 시작한 지 얼마 안 되었을 때는 매출만을 바라보고 손님을 대했습니다. 하지만 무리한 지출을 재촉하게 되면, 결국 손님의 재방문율은 떨어질 수밖에 없다는 것을 뒤늦게 깨닫게 되었죠. 그 뒤로 편지나 선물로 손님을 항상 배려하고, 진정한 신뢰 관계를 쌓아올리려고 노력했습니다. 그러자 하치오지에서 긴자로 이적했을 때도 50명이 넘는 손님이 긴자를 찾아주는 기쁨을 맛볼 수 있었습니다. 보다 큰 인기를 얻고 싶다면, 먼저 베푸는 것의 중요성을 깨달아야 합니다.

──────────── (HAPPY TALK) ────────────

연애의 기회를 늘리고 싶을 때

여자: "항상 감사합니다. ○○씨 덕분에 매일 즐겁게 보내고 있습니다."
상대가 무엇인가 해주기를 기다리는 것이 아니라, 먼저 감사의 표현을 적극적으로 한다면, 생각지도 못한 형태로 연애나 일에 좋은 영향을 미칩니다.

남자: "그럼 같이 갈래?"
대화 도중에 인기 영화나 화제의 명소에 관한 이야기가 나오면, 그 흐름에서 자

연스럽게 데이트를 신청하는 것입니다. 이상하게 생각하진 않을까 걱정할 필요도, 거절당하는 부끄러움 같은 것도 생각할 필요 없습니다. 이러한 적극적인 대시가 사랑의 기회를 불러들입니다.

첫 만남

남자는 천생 여자가 취향, 여자는 청결한 남자가 취향

첫 만남의 인상은 말할 것도 없이 연애의 성패를 크게 좌우합니다.

처음 호스티스 일을 시작했을 무렵, 저는 큰 키가 신경 쓰여 굽이 낮은 구두를 신었습니다. 그래도 손님들은 저를 흘깃거리기만 할 뿐 좀처럼 다가오지 않았습니다. 어렵게 손님을 맞이해도 쉽게 '체인지'되거나, 한마디도 제대로 주고받지 못하는 경우가 대부분이었죠. 하지만 다양한 책을 공부하고 주변 분들의 조언을 들으면서 저는 낮은 구두를 벗어던졌습니다. 하이힐을 신고, 쇄골이 과감히 노출된 드레스를 입기 시작했죠. 그러자 놀랍게도 지명 손님이 부쩍 늘기 시작하더군요.

물론 꾸준히 공부한 대화법이나 행동법도 손님을 늘리는 데 큰 보탬이 되었겠지만, 역시 외모의 첫인상 효과는 절대적입니다. 남성은 '알기 쉽고 여성스러운 여자'를 원하기 때문이죠. 긴 머리에 몸의 라인이 드러나는 복장과 하이힐은 남성을 끌어들이는 철칙이라고 할 수 있습니다.

남성이 긴자를 찾는 것은 일부러 비싼 돈을 주고서라도 눈요기를 하고 싶기 때문입니다. 조금 더 바란다면 호스티스를 유혹하고 싶기 때문이죠.

실제로 긴자 클럽에서 숏 컷의 호스티스를 찾는 것은 무척 드문 일입니다. 물론 거리에는 숏 컷의 미인도, 몸매를 가리는 펑퍼짐한 실루엣의 옷을 걸친 멋진 여성도 많지만 말이죠.

그렇다면 남자들은 왜 여성의 긴 머리와 몸매가 드러나는 옷을 선호할까요? 다윈의 진화론적인 시각을 통해 마음의 기능에 관해 연구하는 '진화 심리학'에서 이에 대한 단서를 찾을 수 있습니다. 남자들이 천성적으로 좋아하는 여성의 요소는 아래와 같죠.

- 젊음
- 긴 머리
- 가느다란 허리
- 풍만한 가슴

이는 여성의 건강, 즉 아이를 낳을 수 있는지의 지표가 된다고 합니다. 예를 들어 머리카락은 1년에 평균적으로 15센티미터 자라는데, 머리에서 허리까지 머리를 기른다면 약 60센티미터 정도가 됩니다. 그리고 이런 긴 머리가 과거 4년간의 건강 상태를 나타내는 것이죠.

'목욕한다 = 청결하다'라는 공식은 절대 아니다!

반면, 여성이 첫 만남에서 중시하는 것은 단연코 '청결'입니다.

국내외에서 행해지는 '인기 없는 남자에 관한 조사'를 보면 여러 가지 답변들이 있습니다만, '청결'은 예외 없이 순위에 들어가 있죠.

실제로 여성이 흔히 말하는 '생리적으로 받아들여지지 않는다'는 것은 남성에게서 청결함을 느끼지 못했다는 뜻이라고 말할 수 있습니다. 따라서 첫 관문을 통과하고 데이트를 하기 위해서는 '생리적으로 받아들일 수 있는' 청결함을 꼭 갖춰야 합니다.

그런데 '청결'이 중요하다고 하면, 많은 남성은 '목욕했으니까 괜찮겠지?'라는 정도로만 생각할 뿐입니다. 그러나 극단적인 예로 하루 목욕을 하지 않아도 빳빳하게 다린 와이셔츠를 입고 있으면 청결함을 여성에게 줄 수 있지만, 매일 목욕을 해도 주름진 셔츠를 입고 있으면 여성이 생각하는 청결함은 빵점입니다.

저는 남성을 위한 인기 비결 콘텐츠를 유튜브에 업로드하고 있는데, 청결함이 중요하다고 아무리 말씀드려도 '다만 잘생긴 남자에 한하지'라는 코멘트를 들을 때가 많습니다. 정말 아쉬움에 한숨이 나올 수밖에 없습니다.

타고난 미남은 정말 한 줌일 뿐이며, 외모를 가꾸면 반드시 결과가 따라온다는 것을 많은 남성이 아직도 제대로 모르고 있는 것입니다.

여성은 천박하지 않은 여성스러운 옷으로,
남성은 손톱 손질로 첫 관문을 돌파하자

여성의 경우, 첫 만남에서 남성의 관심을 끌고 싶다면 긴 머리, 몸매가 드러나는 옷, 하이힐로 여성스러움을 한껏 연출하세요.

물론 이때도 조심해야 할 게 있습니다. 몸매가 드러나는 옷이라도, 너무 짧은 치마나 가슴골이 노골적으로 보이는 옷은 우아함을 헤치기 때문에 피해야 한다는 것이죠. 이럴 때는 레이스 등으로 은은히 비쳐 보이는 것이나, 허리의 잘록함을 드러내는 원피스 등을 선택하는 게 현명합니다.

평상시는 청바지나 운동화를 주로 입는 여성이라도, 첫 단추만큼은 '여성스러운 코스프레'라고 생각하며, 우선은 제1관문 돌파를 목표로 합시다.

남성의 경우, 여성에게 좋은 첫인상을 주려면 다음의 청결함을 신경 쓰는 것이 중요합니다.

- 수염
- 머리(까치집이 없는지, 다듬어져 있는지)
- 코털
- 체취
- 구취
- 복장(주름이 없는지, 사이즈가 맞는지)
- 피부(잘 관리되어 있는지)
- 손톱

특히 많은 여성이 남성의 손톱이나 손가락을 주시합니다. 이는 여성의 성기가 수동적인 부위이기 때문이죠. 따라서 더욱 중요하다 할 수 있죠. 깨끗이 손질된 손끝을 가진 남자는 배려가 몸에 밴 사람이라고 여자는 판단합니다. 반대로 손톱이 긴 사람은 한순간에 연애 대상에서 제외될 가능성이 높죠. 따라서 3일에 한 번은 꼭 손의 상태를 확인하고, 다음의 4종 세트를 습관화해야 합니다.

- 손톱 깎기
- 손톱 손질하기
- 자주 손 씻기
- 핸드크림으로 관리하기

 HAPPY TALK

외모를 칭찬할 때

여자: "목소리가 멋지네요."

남성은 옷이나 머리 스타일에 완고한 취향을 가진 경우가 그리 많지 않습니다. 따라서 전체적인 외모를 칭찬하면 기분은 좋아도 기대했던 것보다 큰 반응을 이끌어내지는 못할 가능성이 높죠. 그럴 때는 "손이 예쁘네요!", "목소리가 좋네요!"라며 특정한 부분을 칭찬하는 것이 좋은 방법입니다.

남자: "아니, 아니, 진짜 멋져요!"

처음 만난 자리에서 칭찬을 하면 대부분의 여성은 "아뇨, 그렇지 않아요"라며 겸손해 합니다. 하지만 이건 진짜 그렇게 생각하는 것이 아니라, 당신의 말이 진심인지 아닌지 확인하고 싶은 것입니다. 그러니 한번 칭찬을 했다면, 책임감을 느끼고 끝까지 칭찬을 계속해 주세요.

데이트

남자에게는 승부처,
여자에게는 탐색전

　남성에게 데이트는 승부처입니다. 데이트 전까지 남성은 상대 여성과 이야기를 나누며 레스토랑을 결정하고 예약하며, 열심히 사전 조사를 합니다. 그리고 데이트 당일이 되면 당장 여성의 손을 잡거나, 키스를 할 수 있지 않을까 기대하게 되죠. 특히 결혼 적령기의 남성일수록 급한 마음에 상대와의 데이트를 진지한 시합과 같이 생각하기 쉽죠.

　그러나 데이트는 어디까지나 서로를 알아가고, 신뢰 관계를 쌓아올려, 이성으로서의 매력을 느낄 수 있는가를 확인하는 과정입니다. 단판 승부가 절대 아닌 것이죠.

　외모의 매력은 일순간에 판가름이 나버립니다. 그러나 신뢰는 천천히 쌓아올리는 것입니다. 단 한 번의 데이트로 '저를 연애 상대로 생각하시나요, 안 하시나요?'라고 다그치는 것은 현명하지 못합니다.

　반면, 남성에 비해 여성에게 데이트는 탐색전입니다. 임신과 출산을 할 수 있는 기간이 한정된 여성은 본능적으로 1분도 시간을 낭비하고 싶어 하지 않죠. 따라서 데이트에서의 남성의 언행을 보고, 배려가 가능한 사람인지, 의지할 수 있는지 등을 관찰하려 노력합니다. 자신을 맡길 수 있는 사람인지 심사숙고해 판별하는 것이죠.

식사 데이트를 추천하고 싶은 이유

승부에 임하듯이 절실한 각오인 남성과의 데이트를 즐겁게 보내고 싶다면, 식사 데이트를 제안하는 것이 좋습니다.

이는 심리 테크닉의 하나로, 맛있는 식사를 함께하면 상대방에게 좋은 인상을 심어주기 쉽기 때문이죠. 이를 '런천 테크닉 Luncheon Technique'이라고 합니다. 우리는 전혀 상관관계가 없는 '식사'와 '상대방의 인상'을 무의식적으로 연결하기 쉬운데, 바로 '연상連想의 법칙' 때문입니다. 맛있게 식사를 하면 혀의 감각으로 의식이 향해 평소보다 이성적으로 판단하는 게 어려워지는 것이죠. 따라서 상대방이 이상형과는 다른 언행을 취해도, 그것을 받아들이기 쉬워지게 됩니다.

또한 맛있는 음식을 먹으면 쾌락의 감정이 생기기 때문에, 식사 중의 대화 또한 긍정적으로 받아들여지기 쉽습니다. '재미있는 이야기였다', '멋있는 사람이었다' 같이 대화의 내용이나 인상을 현실보다 20~30퍼센트 더 매력적으로 보이게 할 수 있는 것이죠.

저 역시 손님과 친밀해지고 싶으면 식사를 함께할 계획부터 먼저 짭니다. 식사를 같이하면 서로의 거리가 훨씬 가까워지며 요구를 잘 받아주게 되기 때문이죠.

여성에게 데이트 신청할 때는 '데이트'라는 말은 쓰지 말자

한편, 여성의 깐깐한 탐색전을 무사히 통과하려면 초반에 승부수를 띄워야 합니다. 우선 처음 여성과 약속을 잡을 때는 굳이 '데이트'라는 말을 쓰지 않는 것이 좋습니다. 가볍게 "식사하러 갈래요?", "영화나 보러 갈래요?"라고 권하는 것이죠.

여성의 대부분은 데이트 신청을 받으면 '남성이 철두철미 준비해 (어딘가로) 나를 데려간다'라고 자동으로 생각합니다. 자연스레 남성에게 요구하는 기준치가 높아질 수밖에 없죠. 따라서 스스로 상황을 어렵게 만들지 않도록 '데이트'라는 단어는 삼갈 필요가 있습니다.

마지막으로, 첫 데이트에서는 '호감'을 보여주는 것보다 '비호감'이 되지 않는 것이 중요합니다. 따라서 다음과 같은 행동은 절대로 해서는 안 됩니다.

- 갑자기 반말로 이야기한다
- 여성을 '야'라고 부른다
- 자신의 이야기는 하지 않는다
- 푸념만 한다
- 사는 장소나 과거의 연애사 등 지나치게 사적인 질문을 연발한다

─────── (HAPPY TALK) ───────

데이트 신청하는 법 / 승낙하는 법

여자: "나도 가보고 싶다고 생각했어."

'불러줘서 기뻐♡'라고 해도 괜찮지만, '나도'를 덧붙이면 더욱 진실성을 나타낼 수 있습니다.

남자: "못 먹거나, 피하는 음식 있어?"

싫어하는 음식을 사전에 묻는 것은 당연하죠. 특히 여성은 다이어트 중이거나 먹는 것에 신경을 쓰는 경우가 많으므로, 이렇게 질문하면 '가능하다면 먹고 싶지 않은 것'도 물어볼 수 있습니다.

선물

남자는 '물건'을 중요시하고,
여자는 '마음'을 중요시한다

당신은 열심히 고민해서 선택한 선물인데, 상대가 전혀 사용하지 않아 실망했던 적이 있나요? 이를 뇌 과학에서는 '감성이 정반대인 상대에게 발정發情난다'라고 표현합니다.

생명체는 기본적으로 '생식적으로 나와 상성이 좋은 유전자의 소유자에게만 발정'을 하려고 합니다. 실제로 우리는 상대방의 피부 질감, 머릿결, 골격, 몸짓, 목소리, 촉각, 냄새 등으로부터 무의식중에 다양한 유전자 정보를 파악하죠.

그중에서도 냄새의 일종인 페로몬은 면역 유전자와 그 냄새의 종류가 일치한다고 합니다. '나와는 전혀 다른 면역을 가진 상대'에게 끌리는 이유도 이 때문이라고 하죠. 반대로 같은 바이러스에 약한 사람끼리 결합했다면, 인류는 이미 멸망했을 수도 있다고 하네요. 이처럼 인류는 생물 다양성의 논리에 따라 면역력을 키워온 것입니다.

따라서 서로 끌리는 남녀의 성향이 엇갈리는 것은 자연스러운 현상이라 할 수 있습니다. 하다못해 좋아하는 선물 하나에도 남녀 차이가 있는 것이죠.

남자는 결과가 전부인 생물입니다. 자신이 갖고 싶은 것을 받을 수만 있다면, 과정이야 어떻든 만족하죠. 특히 '선물 = 애정 표현'이라고 받아들이기 때문에, 상대에게서 받은 선물이 자신의 취향에 맞지 않아 장롱 신세가 되더라도 행복해합니다. 여성 입장에서는 '모처럼 선물했는데, 전혀 써주지 않는다'고 한탄할 수 있지만, 그는 실제로 기뻐하고 있다는 것을 알아야 합니다. 걱정할 필요가 전혀 없는 것이죠.

반면, 여성은 과정을 중시하는 생물입니다. 선물을 통해 '얼마나 자신을 생각해주는가'를 느끼고 싶어 하죠. 따라서 상대 남성이 '무엇을 갖고 싶어?'라고 물으면 실망부터 하게 됩니다. '그때, 그 한정 치즈 케이크 먹고 싶다고 말했었지?'라고 자신의 이야기를 기억해주고, 일부러 줄을 서서 구해주는 행위에 애정을 느끼는 것이죠.

남성에게는 원하는 것을 직접 물어보는 것이 최고

결과 중시의 남성에게 선물을 주고 싶다면, "무엇이 갖고 싶어?"라고 단도직입적으로 물어보는 것이 최고입니다. 만약 여성 스스로 선택해야 할 경우라면, 그가 사용하고 있는 브랜드의 물건이나 그의 취향에 맞는 물건을 선택하는 것이 좋죠.

저 역시 호스티스 시절 손님들에게 정기적으로 선물을 했습니다. 문제는 다른 호스티스에게서도 선물을 받는 손님들이 많기에, 차별화를 하지 않으면 인상에 남지 않을 가능성이 높다는 것이었죠. 인상에 남지 않는다는 것은 우선순위가 밀린다는 뜻이니까요. 호스티스는 인기로 장사하는 직업이기에 그것만은 정말 피하고 싶은 일일 수밖에 없습니다.

그래서 저는 손 편지를 꼭 첨부했습니다. 매장에서 돈만 주면 구입할 수 있는 선물이 아니라, 손님과 찍은 사진으로 앨범을 만들어 보내곤 했죠. 둘만의 추억이 담긴 앨범은 남녀 사이에 특별함을 연출하기에 아주 좋은 선물이기 때문입니다. 실제로 심리학에 따르면, 이성이든 동성이든 함께 사진을 찍으면 친밀도가 오른다고 하죠. 그러니 데이트에서는 되도록 함께 사진을 찍는 것이 좋습니다.

여성에게는 '나를 이렇게나 생각해주고 있구나!'라고 느끼게 만드는 선물을

과정을 중요시하는 여성에게 어떤 선물을 줘야 할지 잘 모르겠다면, 그녀의 일상 대화나 SNS를 살펴보세요. 그 안에 힌트가 숨겨져 있을 가능성이 높습니다. 이를 바탕으로 그녀가 '나를 생각하고 골라주었구나♡'라고 기뻐할 선물을 선택하는 것이죠.

생일은 '가방', 크리스마스는 '액세서리' 같은 규칙을 만드는 것도 좋은 방법입니다. 이런 방식이 반복되면 그녀도 어느 순간부터 '올해는 이런 걸 갖고 싶어'라는 신호를 보내게 되죠.

덧붙여 여성에게 추천하는 비결인데, 사귀고 싶은 남성이 있다면 작은 것이라도 좋으니 꾸준히 선물하면서, 그가 다시 무언가를 되돌려줄 수 있도록 의도하는 것이 좋습니다. 이는 '선물 = 중요한 사람에게 주는 것'이라는 무의식을 자극하는 방법이죠. '선물을 보냈으니, (그녀는) 나한테 소중한 존재'라고, 자신의 행동에 감정이 이끌려 착각을 일으키게 만드는 것입니다.

---------------- (HAPPY TALK) ----------------

선물 교환

여자: "생일날 갖고 싶은 것 있어?"

물건 선택에 관련되는 스토리를 중요시하는 여성이라면 정말 싫어할 말이죠.

하지만 결과 중시의 남성은 물건 그 자체를 정당하게 평가하기 때문에, 노골적

으로 묻는 것을 싫어하지 않습니다.

남자: "이거 저번에 네가 갖고 싶다던 ○○인데…."

대화 중에 나왔던 것을 기억하고 선물하면, 여성은 '내 말을 기억하고 있었구

나!'라고 감격할 것입니다.

 **애정 표현**

남자는 행동으로,
여자는 말로

　대부분의 남성은 상대 여성과 채팅을 하거나 주말에 데이트하는 것 자체가 '애정 표현'이라고 생각합니다. 그만큼 시간과 돈과 노력을 기울이고 있으니까 사랑하는 것이 분명하고, 그걸 상대방도 알아줄 거라 생각하는 것이죠. 또 '섹스 = 애정'이라고 생각하기 때문에, 섹스 없이는 애정을 실감할 수 없는 생물이기도 합니다.

　감정 표현이 서툰 남성은 여성의 마음을 읽고 살피는 것을 매우 어려워합니다. 그 때문에 상대 여성의 행동이나 자신에게 해주는 것들을 통해서 사랑을 확인하려 하고, 자신도 행동함으로써 애정을 표현합니다.

　문제는 이것이 남녀 간에 크게 엇갈리는 포인트라는 것이죠. 여성은 행동보다는 말로 사랑을 실감하는 생물이기 때문입니다. 예를 들어 남성들은 데이트를 위해 정성을 다해 시간을 짜낸 것만으로도 만족하지만, 여성들은 그보다는 "사랑해", "힘없어 보이는데, 괜찮아?"라는 말 한마디에 더 기뻐하는 존재입니다.

　이러한 남녀의 특성을 적극 이용하는 직종이 바로 호스티스나 호스트입니다. 남자는 행동을 중요시하기 때문에, 저 역시 호스티스 시절 클럽 밖에서의 만남에도 많은 노력을 기울였습니다. 5분,

10분의 짧은 시간이라도 직접 만나 차 마시는 시간을 가지려 노력했죠. 손님에게 특별함을 느끼게 한 것입니다. 그러면서 "저와 만나거나 이야기하는 시간은 ○○씨에게 있어 어떤 시간인가요?"라고 질문을 슬쩍 건네, 자연스럽게 호의적인 말을 이끌어냈습니다. 이렇게 적극적인 행동을 통해 관계를 더욱 견고하게 다질 수 있었던 것이죠.

호스트도 마찬가지입니다. 그들은 "진심이어도 돼?", "너 아니면 안 돼", "다른 사람은 쳐다보지 마", 혹은 "쭉 같이 있자" 등의 달콤한 말로 여성 손님들의 마음을 사로잡습니다. 말을 중시하는 여성의 심리를 꿰뚫고 있기 때문이죠.

남성은 '자발적으로 (같이 있을) 시간을 만드는지', 여성은 '섹스의 여부'가 포인트

만약 그가 시간과 노력, 돈을 당신에게 쏟고 있다면, 달콤한 말이 없어도 걱정할 필요는 없습니다. 감정 표현이 서툰 남자의 애정을 확인하기 위해서는 '나를 어떻게 생각해?'라며 따지기보다는 행동에 주목하는 것이 좋습니다. 말로는 어떻게든 둘러대는 것이 가능하니까요. 말에 주목하면 진실이 잘 보이지 않을 수밖에 없죠.

남성이 진심으로 사랑하고 있을 때는 스스로 시간을 만들기 위해 노력합니다. 하지만 만나고 싶다는 당신의 말에 단순히 "네가 와"라고만 한다면, 유감스럽게도 당신은 '편한 여자'일 뿐일 가능성이 높죠. 몸 관계만이 목적일 테니까요.

여성은 아무래도 애정이 담긴 말을 원하니, 남성은 말로 애정을 표현하도록 노력하는 것이 좋습니다. 말하는 것이 부끄러우면, 메시지나 편지도 좋은 방법이죠.

무엇보다 여성의 애정을 확인하기 위해서는 섹스의 여부에 주목할 필요가 있습니다. 여성의 성욕은 감정과 깊게 연결되어 있기 때문이죠. '남성이 자신을 소중히 여긴다'는 마음이 강한 애정으로 변환되고, 그럼으로써 한 몸이 되고 싶다는 생각으로 연결되는 것입니다.

따라서 여성이 섹스를 거부한다는 것은, 당신에게 강한 애정이 생기지 않았거나, 감정적인 응어리가 쌓여 있다는 것을 뜻할 가능성이 높습니다. 반대로 당신을 좋아한다고 말은 하면서도 몸

관계를 피한다면, 당신의 진정성을 의심해보는 쪽일 수도 있답니다.

─────────────── (HAPPY TALK) ───────────────

상대의 진정성을 가늠하려면

여자: "만나러 와줘♡"

정말 당신에게 애정이 있다면 그는 부탁을 들어줄 것입니다. 그러나 언제나 당신이 호출되기만 한다면, 진정성을 의심해야 합니다. 그런 관계는 일찍 끝장을 보는 것이 현명합니다.

남자: "오늘 밤은 같이 있자."

이렇게 말해도 그녀가 몸 관계를 피할 때는, 당신에게 불만이 있거나 진심이 아닐 수 있어요. 짚이는 게 있으면, 서둘러 무엇이 불만인지 알아내고 개선해 봅시다

섹스

남자에게는 쾌락 추구,
여자에게는 애정 확인

　섹스에 대한 가치관도 남녀는 크게 다릅니다.

　남성은 자신이 좋을 대로 움직일 수 있기에 쾌락을 얻기 쉬운 동물입니다. 따라서 섹스 그 자체를 하고 싶어 하는, 즉 좋아하는 사람이 많죠. 또한 지배욕구나 인정욕구를 충족시키기 위해 섹스를 하는 때도 있고, 단순히 의무감 때문에 방어전을 하는 때도 있습니다.

　따라서 여성이 남성의 진정성을 섹스로 알아보고 싶다면, 성관계 후의 소위 '현자타임'에 주목할 필요가 있습니다.

　사정射精을 마친 남성은 생리적으로 멍해지며 저도 모르게 속마음을 털어놓는 경우가 종종 있죠. 남성도 스스로 이를 알기에 진심인 여성에게는 자신의 본성이 드러나지 않게 신경을 쓰게 됩니다. 따라서 현자타임 중의 언행에 배려심이 보이지 않을 때는, 그의 애정을 의심하는 것이 정답입니다.

　반면, 여성은 기본적으로 수동적이기에 섹스를 할 때 남성에게 많은 신경을 쓸 수밖에 없습니다. 그래서 "조금 아파"라고 말했다면, 실제로는 많이 아플 가능성이 높죠. 따라서 남성은 행위 중에 여성이 고통을 참고 있지는 않은지 확인하는 에티켓이 필요합니다.

——————————— (HAPPY TALK) ———————————

섹스 행위 중, 그리고 후

여자: "목마르지 않아?"

현자타임에 들어간 남성은 그냥 내버려두는 것이 제일 좋습니다. 필요한 말만 하고 그냥 내버려둡시다.

남자: "아프지 않아?"

섹스는 아무래도 남성 주도가 되기 쉽고 여성은 자신의 요구를 말하기 어려운 법이죠. 따라서 항상 "아프지 않아?"라고 배려하는 것이 필요합니다.

남자에게는 부업 활동,
여자에게는 이직 활동

남성에게 외도나 불륜은 부업 같은 것입니다. 들키지만 않는다면, 둘을 양립시키고 싶다는 남성이 대다수를 차지하는 것도 이 때문이죠.

유명인의 불륜 소식이 툭하면 뉴스에 보도되는데, 그럴 때면 많은 사람들이 '저렇게 예쁜 부인이 있는데 왜?', '일도 잘하고 가정도 문제없어 보이는데 왜? 무슨 불만이 있어서?'라고 궁금해 합니다. 하지만 외도나 불륜으로 치닫는 남성들에게 예쁜 아내나 불만족 같은 것은 전혀 상관이 없습니다.

또한 남성의 경우, 외도나 불륜은 '섹스 = 애정'이라는 공식과 별 관련이 없습니다. 남성의 섹스는 인정욕구나 지배욕구 등과도 밀접하게 관련돼 있기 때문이죠. 외도 상대와 가정은 별개의 것으로 생각하는 것입니다. 호스티스에게 작업을 거는 기혼 손님들이 바로 이런 유형이죠. 따라서 남성은 어느 정도 일이 안정돼 수입이 많아지면, 외도나 불륜 행위를 저지를 가능성이 높게 됩니다. 남성이라는 동물이 원래 그런 것입니다.

여성의 경우에는 양다리를 걸치다가도 남편이나 남자 친구와 헤어지게 되면, 외도 상대와 그대로 사귀거나 결혼하는 경우가 많습니다. 한마디로 직장을 바꾸듯이 상대를 바꾸는 것이지요.

또한 여자 친구나 아내에게 불만이 없는데도 외도나 불륜 행위를 하는 남성과 달리, 여성은 남자 친구나 남편으로부터 정신적으로 채워지지 않고, 불안감이 강할 때 외도나 불륜을 저지르기 쉽습니다.

주말이 되면 남자 친구와 연락하기 어려워진다, 집에 초대하지 않는다, 사는 곳을 알려주지 않는다고요? 그런 경우라면, 당신은 '부업'의 당사자일 가능성이 큽니다. 매칭 앱에서 많이 보이는 패턴이니 꼭 주의해야 하죠.

- 꿈이나 미래에 대해서 의논한다
- 함께 데이트하며 추억을 만든다

'현재'뿐만 아니라 '미래'나 '과거'를 공유하는 관계를 만들 수 없는 상대와 오래 교제를 하는 것은 시간 낭비일 뿐입니다. 즉각 관계를 단념할 용기가 필요합니다.

─────────── (HAPPY TALK) ───────────

외도나 불륜을 간파하려면

여자: "바람피우고 있지?"

여자의 물음에 만약 동요하거나 화를 낸다면? 실제로 그럴 가능성이 큽니다. '안 했어'라고 평소처럼 심플하게 대답한다면, 둘 중의 하나죠. 정말 하지 않았거나, 노련한 카사노바이거나.

남자: "요즘 예뻐졌네?"

이렇게 넌지시 화두를 던져봅시다. 만약 그녀가 외도 중이라면, 잘 숨겼다고 생각했는데 '혹시 들켰나!?' 하고 동요할 가능성이 큽니다.

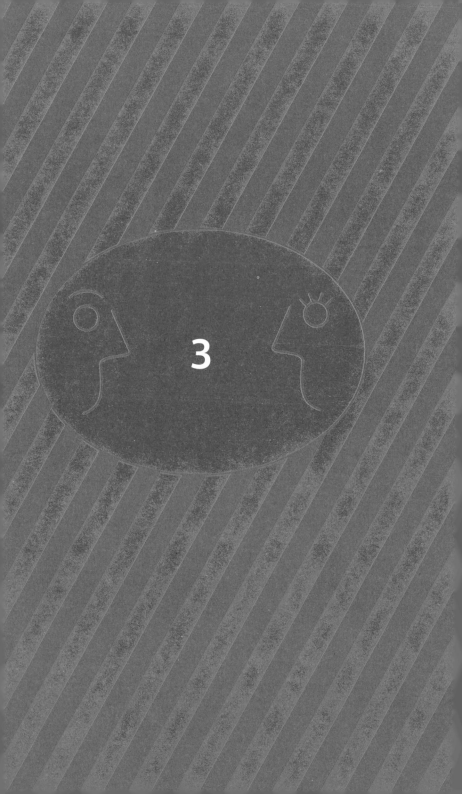

3

남자와 여자의 속마음

의사소통

대화

남자는 단도직입單刀直入,
여자는 도비순설徒費脣舌

"대체 왜 몰라주는 거야!"라며 갑자기 화를 내거나, 기분이 나빠져서 입을 꾹 닫는 여성의 태도에 '도대체 무슨 일이 일어난 거야?'라며 머리를 싸매는 경험, 남성이라면 한 번쯤은 있지 않을까요?

호스티스는 여성의 이런 애매모호한 태도에 남성이 당황하는 것을 잘 알고 있기에, 일부러 단도직입적으로 의사를 표현하려 노력합니다.

여성은 기본적으로 남성이 미리 헤아려주었으면 하는 마음을 가진 동물입니다. 직설적으로 요구했다가 거절당하는 것을 두려워하기 때문이죠. 그래서 상대방에게 바라는 것이 있으면 일부러 넌지시 에둘러 질문하면서 실제로 해주기를 바랍니다. 여성은 자신이 눈치 백단이기 때문에 상대 남성도 그렇게 해주는 게 마땅하다고 생각하는 것이죠.

이처럼 여성이 눈치가 빠른 것은 성실해 보이지만 사실은 바람둥이이거나, 사냥이 서투른 수컷을 떨쳐버리고 우수한 수컷을 뽑기 위해 오랜 시간 암컷의 본능적인 관찰력이 진화한 결과라고 합니다.

하지만 안타깝게도 남성은 제아무리 여성이 알기 쉽게 의사를 표현해도 전혀 캐치하지 못하는 동물입니다.

데이트 중에 "배고프지 않아?"라고 여성이 물어보면, 그것은 '배고프니까 어디 가고 싶다'라는 뜻이죠. 하지만 "아니, 아직 배 안 고파"라고 대답하는 남성이 정말 많습니다. 이래서는 여성의 기분이 상할 수밖에요.

왜 남성은 여성의 마음을 이리도 짐작하지 못하는 것일까요? 그것은 '임신이나 출산의 리스크가 없는 수컷은 암컷만큼 까다롭게 상대를 고를 필요가 없기 때문'이라 합니다. 그만큼 세심한 관찰력이 다듬어지지 않았다는 것이지요.

둔한 남성에게는 솔직하게 설명, 여성에게는 사과부터

둔한 남자에게는 아무리 짜증을 내도 시간 낭비일 뿐입니다. 예를 들어 병으로 드러누워 있는 아내에게 "밥은?"이라고 물어보는 남편, 쉽게 상상이 가시죠? 하지만 남편의 의중은 단순히 '사실을 단도직입적으로 확인하고 싶을 뿐'인 것입니다. 그러니 헤아려주지 않는 것에 굳이 화를 낼 필요가 없죠. 대신 "몸이 안 좋으니까 뭐 좀 사다줄래?"라고 구체적으로 설명하면 그만입니다. 그러면 순순히 음식을 사러 나가는 것이 남성이라는 생물입니다.

여성은 '헤아려준다 = 애정 표현'이라고 생각하는 동물이기 때문에, 미리 헤아려주지 못하는 것에 남성이 상상하는 이상으로 깊게 상처받습니다. 그러니 '직접 말하면 좋잖아. 그러면 해줄 텐데…' 같은 말은 제발 꺼내지 마세요. '마음 알아주지 못해서 미안해'라고 한마디 사과부터 하면, 쓸데없는 싸움을 줄일 수 있습니다.

여성도 '헤아려준다 = 애정 표현'이라는 고정관념에 너무 사로잡히지 말아야 합니다. 남성의 성향을 알고 헛된 바람만 그만둬도 스트레스가 줄어들 것입니다.

저 역시 긴자의 클럽 시절, 몸이 너무 피곤할 때는 명확하게 "오늘은 선약이 있으니까 돌아가 주시겠어요?"라고 손님에게 부탁을 했습니다. 반대로 지명을 바랄 때도 마찬가지로 "○○씨와 더 이야기하고 싶으니까 지명해주세요"라고 부탁하곤 했죠.

'마음을 알아주지 못해서 미안해'라는 한마디를 남자로부터 들고 싶다면 어떻게 해야 할까요? 남자가 실수를 했을 때 '알아주지 못해서 미안해'라고 여성 먼저 말을 건네는 것입니다. 이런 습관을 들이는 것이죠. 그러면 어느 순간부터 남성도 여성의 마음을 헤아리려 노력할 것입니다.

───────── HAPPY TALK ─────────

사소한 다툼을 하지 않기 위해서

여자: "알아봐주지 못해서 미안해."
'왜 몰라주는 거야?'라고 화를 내기보다 남자가 이런저런 실수를 했을 때, 이 말을 반복함으로써 배려심을 주입할 수 있습니다.

남자: "마음을 몰라줘서 미안해."
남성이 알아주지 않으면 여성은 상처를 받습니다. '말해주지 않으면 몰라'라고 변명하지 말고, 이렇게 사과부터 해보세요.

 **아이콘택트**

남자는 자신감의 표출,
여자는 호감의 표출

한눈에 반하는 순간, 사람은 무의식중에 상대를 5~7초 바라보게 된다고 합니다. 나도 모르게 마음이 끌리는 상대방을 쳐다보며 아이콘택트를 하려고 하는 것이지요.

실제로 말이 아닌 비언어 커뮤니케이션과 호감도의 관계를 조사한 심리학 실험에 따르면, 아이콘택트는 웃는 얼굴에 이어 2위를 차지하고 있습니다. 3위 머리카락의 색깔, 4위 신체 접촉보다도 상위에 있는 것이죠.

긴자에 있으면서 느꼈던 것은 이 아이콘택트도 남녀 간에 차이가 있다는 것입니다. 남성 손님은 부끄러운 마음에 아이콘택트를 잘 못하는 분이 많습니다. 제가 시선을 떼면 그제야 살짝 이쪽을 보는 정도죠. 그런데 난봉꾼으로 유명했던 A씨는 달랐습니다. 처음 만나자마자 너무 당당하게 쳐다봐서 제가 당황할 정도였죠. "제 얼굴에 뭐가 묻었나요?"라고 물었더니 "아, 미안. 너무나 귀여워서 눈을 뗄 수가 없었어"라고 말씀하시지 뭡니까! 원래대로라면 이런 작업은 호스티스가 하는 것인데, 손님에게 선수를 빼앗겨버렸던 것이죠.

그뿐만이 아니었습니다. A씨의 능숙한 시선 처리에 저도 따라서 쳐다보니, 이번에는 갑자기 시선을 돌리더군요. 당연히 제 입장에서는 '뭐야? 뭐가 잘못됐나?' 불안할 수밖에요. 그때 다시 시선을 맞추고는 싱긋 웃음을 지으며 "무슨 일이야?"라고 묻더군요. 완전히 손님 손에 놀아난 것이죠. 다음부터는 제가 다른 손님에게 이 수법을 사용해 큰 효과를 봤죠(웃음).

이처럼 아이콘택트를 잘 못하는지 잘하는지에 따라 자신감이 있는지 없는지가 달라 보입니다. 눈을 마주치면 아래로 시선을 향하거나, 다른 곳으로 눈을 돌리고 두리번대는 남성은 '이 사람 인기가 없을 것 같은데'라는 생각이 들게끔 하죠. 자신감 없음이 시선 처리에서 느껴지는 것입니다. 반대로 또렷하게 아이콘택트를 하게 되면, 자신감과 여유 있는 사람이라고 상대방은 느끼게 됩니다. 당연히 여성이 좋아할 테니 꼭 의식해서 실행하기를 추천합니다.

여성이 보내는 아이콘택트는 호감의 신호입니다. 특별히 미인도 아니고 소통의 달인도 아닌데, 이상하게 남성들에게 인기 많은 여성이 있습니다. 그녀들을 관찰하면, 일부러 의식하는 건지 안 하는 건지 모르겠지만, 어쨌든 남성의 눈을 주시하는 경우가 많답니다. 자연스럽게 남성들이 '왜 이렇게 쳐다보는 거지? 혹시 날 좋아하나?'라고 생각하게 만드는 것이죠. 그러니 본인 스스로를 '철벽녀'라고 고민하는 여성이 있다면, 의식적으로 남성과 아이콘택트를 해보시는 것을 추천합니다.

덧붙여, 아이콘택트가 너무 서툴러 고객의 눈 깜박임을 세는 방법으로 눈을 응시하는 시간을 늘리려 노력하는 호스티스를 본 적도 있습니다. 그만큼 관심 없는 남자의 눈을 쳐다보는 것은 고된 일이니까요. 저는 '손님 전원이 남자 친구'라는 마음가짐으로 접객을 해서 그런지 그런 고생은 없었습니다만(웃음).

남성은 '안심시키다', 여성은 '공감을 나타낸다'

이처럼 여성은 아이콘택트를 잘하는 남성에게 쉽게 끌리는 성향을 가지고 있습니다. 하지만 저로서는 이런 남성 중에 난봉꾼이 압도적으로 많다는 것을 잘 알기에 별로 추천하고 싶지는 않은 게 솔직한 마음입니다. 차라리 아이콘택트에 서툰 남성을 '내가 키운다'는 마음으로 연애 대상을 넓히는 것이 좋지 않을까요?

자신감 없는 남성은 여성이 먼저 안심시키는 것이 최고입니다. 이쪽에서 시선을 맞추고, 싱긋 미소를 지으며 "○○씨와 이야기할 수 있어서 즐겁습니다"라고 먼저 말을 건네는 것이죠. 다만, 호의가 없는 남성에게 함부로 사용하면 착각할 수 있으니 주의가 필요합니다.

여자가 아이콘택트를 한다면, 내게 공감을 구하고 마음을 열고 있다는 신호라고 생각해야 합니다. 이때 타이밍을 놓치지 않고, 확실히 상대 여성의 눈을 바라보면서 '듣고 있어요, 공감하고 있어요'라고 어필할 수 있다면, 당신의 호감도도 높아질 것입니다.

<HAPPY TALK>

호감도를 올리기 위해서

여자: "○○씨와 이야기할 수 있어서 즐거워요!"

아이콘택트를 피하는 자신감 없는 남자들에게는 눈을 마주치고 이렇게 말로 격려하면서 키워나가는 것도 하나의 방법입니다.

남자: "정말 그러네!"

아이콘택트로 여자가 공감을 구해오면, 긍정해 주면서 공감의 마음을 전달하면 호감도가 올라갑니다.

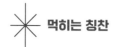

남자는 넘버원이 되고 싶고, 여자는 온리원이 되고 싶다

남성은 알기 쉬운 칭찬을 매우 좋아합니다. 긴자에서 활동할 당시 저는 "○○씨 최고~!"와 같은 노골적인 칭찬의 메일을 손님들께 보내고는 했습니다. 당연히 효과 만점이었죠.

왜 그런 것일까요? 남성은 '경쟁에서 이겨 다수의 암컷을 독점하고 싶은 본능'을 가지고 있기 때문이라고 합니다. 여성이 생각하는 이상으로 남성은 '1등이 되고 싶다, 인정받고 싶다'는 욕구에 무의식적으로 떠밀리고 있는 것입니다. 그래서 별것 아닌 칭찬도 기쁘게 느끼고, 칭찬받고 인정받기 위해 노력하는 것이죠.

그에 반해, 여성은 본능적으로 우수한 수컷을 선택하려는 목표가 본능에 각인된 동물입니다. 실제로 호스트 클럽에서 종종 벌어지는 일이 여성 손님들끼리 마음에 드는 호스트를 두고 싸우는 것이죠. 바로 '온리원'의 자리를 차지하기 위해.

이런 여성의 심리를 모르고 '네가 내 1순위야'라고 호의적으로 말해봤자 역효과만 납니다. 여성 입장에서는 '왜 거기에 둘째, 셋째가 있는 거야?'라며 짜증만 날 뿐이죠.

남성에게는 칭찬의 말,
여성에게는 반대의 인상을 나타내는 말이 먹힌다

남자에게는 무조건 칭찬의 말을 해주는 게 좋습니다.

- 당신이 1등이야!
- 최고야!
- 정말 대단해!

같은 단순한 칭찬도 좋고,

- 그 개그맨보다 ○○씨가 더 재밌어!
- 배우 ○○는 잘생겼지만, 목이 짧아서 터틀넥이 안 어울려.
  터틀넥을 입으려면 당신처럼 날씬하고 긴 목이 잘 어울려!

같은 구체적인 능력이나 신체 부위를 누군가와 비교해 칭찬하는 것도 '1등이 되고 싶은' 남자의 자신감을 만족시켜 줄 수 있습니다.

반대로 누군가와 비교해서 헐뜯는 것은 남성에게 정말 큰 상처를 줄 수 있기에 조심하셔야 합니다.

'온리원'의 존재가 되고 싶은 여성에게는 칭찬할 때도 각별한 주의가 필요합니다. 여성은 '역시 대단해!'라고 칭찬받아도 남성처럼 천진난만하게 기뻐하는 경우는 드뭅니다. 오히려 '마치 평가받는 것 같네'라고 부정적으로 느끼는 경우가 많죠.

이런 여성들에게 잘 먹히는 게 바로 '자신도 알지 못하는 자신의 매력'을 칭찬받는 것입니다.

'뭐? 그런 걸 내가 어떻게 알아봐!'라고 생각할 수도 있지만, 크게 어려워할 필요 없습니다. 사람은 누구나 이중성이 있는 법이니까요. 간단히 말해서, 상대방이 내뿜는 일반적인 인상과 정반대로 말해 칭찬하면 됩니다. 그러면 '아, 이 사람은 나도 몰랐던 나를 알아주는구나!'라고 당신의 뛰어난 안목에 감탄하게 만들 수 있죠.

예를 들어 성격이 밝은 여성에게 "인기도 많고 친구도 많을 것 같지만, 혼자만의 시간도 소중히 하고 있을 것 같아요"라고 반대로 칭찬하는 것입니다. 그러면 "어머, 어떻게 알았지!? 저 혼자 카페에서 책 읽는 것도 좋아해요"라고 반응할 가능성이 큽니다. 다른 사람들의 평범한 시선과 달리, 진짜 자신을 이해해주고 있다고 생각하게 만드는 것이죠. 이것은 우리가 겉으로 드러내지 않는 나를 '진짜 나'라고 무의식적으로 생각하기 때문입니다.

물론 성격이 밝은 여성에게 '밝아서 좋다!'고 칭찬하는 것도 나쁘지는 않습니다. 다만, 워낙 자주 들어 익숙해져 있기에 인상을 남기기 어렵다는 게 문제죠.

비록 칭찬의 내용이 실제와 달라도, 그것이 긍정적인 말이라면 크게 상관없습니다. '내가 그렇게도 보이는구나!', '지금까지 알지 못했던 새로운 나를, 이 사람이 찾아주었구나!'라고 느끼게 함으로써 당신에 대한 강한 인상을 줄 수 있으니까요.

긴자에서 활동할 당시, 저 역시 손님에게서 '예쁘시네요'라는 소리보다 '그런 생각, 정말 참신하고 재미있다'라는 칭찬을 들을 때 더욱 제 자신이 특별하게 느껴져 기뻐하곤 했습니다.

─────────── (HAPPY TALK) ───────────

상대방에게 먹히는 칭찬을 하고 싶을 때

여자: "○○씨가 최고예요!"

지나치게 빤한 칭찬이라고 느껴져도 남자에게는 틀림없이 먹힙니다. 복잡한

칭찬보다 간단한 칭찬을 많이 해주세요.

남자: "인기도 많고 친구도 많을 것 같지만, 혼자만의 시간도 소중히 하고 있을

것 같아요."

외형이나 소지품을 칭찬하는 것 외에도, 이렇게 허를 찌르는 칭찬도 사용하여

'온리원'의 느낌을 연출해 보세요.

신뢰

남자는 믿음을 얻기'까지', 여자는 믿음을 얻고'부터'

연애에는 신뢰 관계가 필수입니다. 특히 비밀을 공유하게 되면, 그 비밀을 지키려고 노력하면서 신뢰 관계가 생기고 유대가 강해지죠. 직장 연애나 불륜에 우리가 불타오르는 것도 이런 비밀 유지의 신뢰 관계 때문이라고 할 수 있습니다.

다만, 남성이 생각하는 '신뢰'는 어느 정도 노력해서 쟁취하면 거기서 노력이 끝난다는 게 문제입니다. 연애 초기에는 매일같이 왔던 메시지가 관계가 안정될수록 눈에 띄게 줄어드는 것도 '신뢰 관계를 쌓아올렸으니까, 이제 매일 연락하지 않아도 되겠지? 이 이상으로 노력하고 싶지 않아'라는 남성 특유의 사고회로에 따른 것이죠.

반면, 여성은 '완전한 신뢰 관계가 만들어졌다'라고 느끼는 심리적 장벽이 남성보다 훨씬 높습니다. 남성이 1이라면 여성은 10의 노력이 필요한 일이죠. 더군다나 여성은 그것을 수시로 확인해야 한다고 생각하기 때문에 큰 차이가 벌어지게 됩니다.

남성에게는 때때로 일부러 싸움을 걸어 권태기를 방지하자

'이젠 노력하고 싶지 않다'라고 생각하는 남성에게 자꾸 노력을 강요하면 어떻게 될까요? 도망가 버리게 됩니다. 반대로 노력을 요구하지 않고 방치하듯이 내버려두면 어떻게 될까요? 애정이 식어 외도의 원인이 됩니다. 즉, 적당한 밀당이 필요하다는 뜻입니다.

저는 신뢰 관계가 있는 손님과의 권태기를 방지하기 위해 '질투 5배 작전'을 종종 사용했습니다. 예를 들어, 손님이 다른 클럽을 찾으면 이렇게 대화를 시작하는 것이죠.

"다른 클럽에 가는 게 싫은 것이 아니고, 다른 여자와 이야기하는 것이 싫은 거야."

이렇게 부드럽게 이야기해서 도망가지 못하게 한 다음, 서서히 분노를 터뜨렸습니다.

"술을 마시고 싶으면, 바 같은 데 가면 되잖아! 왜 항상 내가 먼저 연락하지?"

그리고 만나면 일부러 싸움을 걸었습니다. 때로는 컵의 물을 손님 얼굴에 붓기도 하고, 따귀를 때리기도 했죠. 너무 과하다고 생각하나요? 흥미롭게도 가끔 하는 격렬한 싸움은 뇌과학적으로 커플 사이를 뜨겁게 달아오르게 한다고 합니다.

남성은 여성이 불합리한(남성은 진짜 그렇게 생각합니다!) 트집을 잡으면, 뇌에서 강한 스트레스를 느끼게 됩니다. 그러면 남성호르몬인 '테스토스테론'이 분비되는데, 이 호르몬은 성적인 능력을 높이고, 독점욕이나 투쟁심을 높이는 역할을 한다고 하죠. 물론 너무 빈번하게 싸우는 것은 문제가 될 수 있습니다. 하지만 가끔의 싸움은 연인간의 관계를 지속시키는 좋은 기폭제가 되어 주는 것입니다.

여성이 불쾌해지기 전에 선수를 쳐라

그렇다면 신뢰 관계의 지속을 위해 끊임없는 노력을 요구하는 여성을, 남성은 어떻게 대처해야 할까요? 그것은 직장 생활에서 힌트를 얻을 수 있습니다. 바로 '문제가 생길 것 같으면 미리 선수를 치는' 방법이죠.

다른 건으로 바빠서 거래처와의 일이 미루어질 예정이라면 어떻게 합니까? 미리 거래처에 연락을 해서 '○○일까지 시간을 주실 수 있을까요?'라고 정중히 문의를 합니다. 마찬가지입니다. 똑같은 방법을 그녀에게도 하면 됩니다.

"○○일까지는 바쁘지만, 다 끝나면 우리 여행 떠나자!"

이렇게 선수를 쳐놓으면 '늘 방치된 것만 같아서 사귀는 기분이 들지 않는다', '친구의 남자 친구는 더 잘해주는데' 같은 그녀의 집중 포화에서 벗어날 수 있고, 그녀 자신도 언제까지 기다려야 할지 분명해지니 기분이 언짢을 것도 없습니다.

다만, 약속을 지키지 않으면 지옥을 보게 된다는 것을 잊지 마시길(웃음).

HAPPY TALK

신뢰 관계를 지속시키기 위해서

여자: "왜 내가 항상 먼저 연락하지?"

신뢰를 쌓기 위한 노력을 게을리 하는 남성에게는, 가끔이라도 질투심으로 트집을 잡아 적당한 자극을 주도록 합시다.

남자: "○○일까지는 바쁘지만, 다 끝나면 우리 여행 떠나자!"

연락이나 데이트를 자주 요구하는 여성에게는, 직장에서 거래처를 대하듯이 미리 선수를 쳐 두면, 관계 악화를 막을 수 있습니다.

싸움

남자는 말이 없고,
여자는 말이 많고

앞에서 이야기한 것처럼, 가끔의 싸움은 연인 관계에 좋은 자극이 될 수 있습니다. 하지만 자주 싸우면 이야기는 달라지겠지요. 무엇보다 남성은 입을 다물고, 여성은 반대로 말이 많아지는 전형적인 싸움 패턴으로 바뀌면 정말 답이 없죠.

여성이 '가만히만 있으면 아무것도 몰라. 제대로 이야기 좀 해보자'고 하는데도 남성이 '지금 이런 상태로 얘기하면, 또 말다툼이 될 뿐이야'라며 대화를 피하는 패턴 말입니다. 여성의 분노가 극에 달하는 빤한 수순이 바로 이 패턴이지요. 클럽에서도 손님과 가끔 말다툼을 할 때가 있는데, 싸움이 팽팽해지면 손님들 대부분은 입을 다물어버렸습니다.

왜 이렇게나 엇갈리는 것일까요?

남성은 남성끼리의 싸움이라면 자신의 올바름을 끝까지 주장하고 싸움에서 반드시 이기려고 합니다. 그러나 상대가 맘에 드는 여성이라면 브레이크가 걸려 '참는다 = 입을 다문다'라는 행동을 합니다. 남자는 결과를 중시하기 때문에 대화를 통해 해결을 봐야 하는데, 분노가 극에 달한 여자와는 대화를 통해 제대로 된 결론이 나올 리 없다고 미리 생각하는 것이죠. 쓸데없는 대화보다 여성의 화가 가라앉아 냉정해진 후에 의논하는 편이 좋다고 생각하는 것입니다.

하지만 과정을 중요시하는 여성은 자신이 토해낸 감정을 상대가 받아주는 것 자체를 중요시합니다. 자신의 말을 들어주는 상대를 보며 기분을 풀고, 생각을 정리하고 싶어 하죠. 감정적인 상태가 되어 눈물을 쏟는 것도 자신의 마음을 토해내고 싶은 욕구 때문입니다. 그것이 끝나고 나면, 격하게 말을 늘어놓는 일도 없어집니다.

남자에게는 응석부리고,
여자에게는 잠깐의 시간을 달라고 하면 화해된다

아무 말도 하지 않고 일단 싸움을 끝내려는 남성. 여성의 입장에서 보면 정말 화가 날 수밖에 없죠. 하지만 가만히 놔두는 게 진정으로 현명한 방법입니다. 흥분한 감정이 가라앉고, 본인의 생각도 정리가 되면, 남성이 먼저 대화를 시작할 테니 조금만 시간을 가지는 자세가 필요합니다. '아무 말도 하지 않다니 비겁해! 뭐라도 말해!'라고 몰아붙인들 건설적인 대화는 불가능하기에 끝까지 몰아붙여서는 안 됩니다. 그가 입을 다무는 것은 사실 당신에게 상처를 주지 않기 위한 배려 때문이라는 측면도 있음을 기억해야 합니다.

그렇다면 어떤 방법이 좋을까요? 감정적으로 눈물을 흘리거나 몰아세우기보다 자신의 마음을 솔직하게 전하는 것이 좋습니다. '내가 사랑받고 있는지 몰라서 나 불안하단 말이야!'라고 응석을 부리듯 하소연하는 것도 좋은 방법이죠. 그러면 상대에게서 사과의 말을 부드럽게 받아낼 가능성이 높아진답니다.

남성도 감정적으로 흥분된 여성을 제대로 화해까지 끌고 가려면, '당장은 좋은 생각이 떠오르지 않으니, 잠시만 생각하게 해줘'라고 한마디 해주는 것도 좋은 방법이죠. 말 한마디 없이 가만히만 있으면 여성은 남성이 무슨 생각을 하는지 모르기 때문에 짜증을 내기도 하고, 힘으로 앞서는 남성이 이유 없이 입을 다물면 위압감이나 공포감을 받을 수도 있습니다. 따라서 이유를 설명함으로써 여성을 진정시키려는 노력이 필요합니다.

─────────────── (HAPPY TALK) ───────────────

화해하고 싶을 때

여자: "내가 사랑받고 있는지 불안했어."

남성을 몰아세우는 것보다 자신의 마음을 솔직하게 전하며 응석을 부리는 편이 좋습니다. 그러면 그에게서 사과의 말을 빠르게 끌어낼 수 있습니다.

남자: "당장은 좋은 생각이 떠오르지 않으니까, 생각할 시간을 줄래?"

마냥 대화를 거부하는 것이 아니라, 좋은 생각이 떠오를 때까지 기다려 달라고 설명함으로써 '대화로부터 도망치고 있는 것이 아닌가?'라는 여성의 불신감을 없앨 수 있습니다.

 **자기주장**

인기남은 겸손하게,
인기녀는 강하게

출세한 남성일수록 자기주장이 강하다는 이미지가 있습니다. 그러나 밤의 긴자에서는 인기 있는 남성일수록 자기주장을 삼립니다. 동석하고 있는 상사나 부하, 호스티스의 이야기를 친근하게 들어주기 위해 노력하죠. 이런 분들은 신기하게도 계속해서 출세하는 모습을 보여줍니다.

그리고 이런 분들은 '그런 일이 있었구나, 힘들었겠네!'라고 호스티스의 고민을 받아줄 뿐만 아니라, 다음에 방문했을 때 전의 일을 잊지 않고 물은 뒤, '그럴 때는 이렇게 대응하는 것도 괜찮았을지도 몰라'라며 아낌없이 조언을 해주기도 합니다. 자신감과 여유가 있기에 상대방의 고민을 들어주는 역할을 충실히 하고, 자신의 의견도 적극적으로 표현하는 것이죠.

남자는 1등이 되고 싶은 생물이기에 본능적으로 자신의 이야기만 늘어놓고 싶어 합니다. 이런 본능을 꾹 참고 여성에게 수다를 떨 기회를 주면, 당연히 인기를 얻을 수 있습니다.

왜냐하면, 사람은 자신의 이야기를 할 때, 마치 섹스를 할 때와 같은 쾌락 물질이 뇌에서 분비되기 때문입니다. 특히 여성들은 감정 정리나 스트레스 발산이 대화의 주된 목적이기에, 남자보다 서너 배나 더 수다를 좋아합니다. 따라서 이야기를 들어주는 남자는 확실히 인기가 높을 수밖에 없죠.

자기주장에 조심스러운 여성이 남성에게 인기가 높다고 여겨지지만, 이것도 잘못된 생각입니다. 오히려 남성에게 인기 있는 여성은 희로애락이 분명하고, 또박또박 자기주장을 하는 스타일이죠. 그 이유는 남성과의 대화는 '문제 해결' 형이기 때문입니다. 예를 들어 식사를 하러 갈 때는 '오늘은 양식이 좋을 것 같아', '오늘은 점심이 늦었으니까, 저녁은 가볍게 끝내고 싶다'라고 솔직히 말하는 것이 좋습니다. 이렇게 제공된 힌트를 바탕으로 남성은 '상대를 위해 멋진 레스토랑에 가야겠다'라고 문제를 해결하기 위해 분발하기 때문이죠.

그러나 '저는 무엇이든 괜찮아요!'라고 말하면 어떻게 될까요? 남성은 쉽게 문제를 해결하지 못하고, 결국에는 여성을 위해 멋진 레스토랑을 선택하고 싶은 생각도 떠오르지 않습니다.

남성은 맞장구치는 기술을 연마하고, 여성은 배려심 있는 주장을 하자

상대 여성이 수다를 떨게 하고 싶다면, 남성은 맞장구치는 기술을 연마할 필요가 있습니다.

남성 중에는 상대방의 이야기를 무표정, 무반응으로 듣는 사람이 정말 많습니다. 그러나 이런 방식은 얘기를 들어주고 있는지 판단이 어렵기 마련이고, '더 이야기하고 싶어!'라는 마음이 들 리가 없죠. 따라서 순수하게 여성의 말에 흥미를 느끼며, 웃는 얼굴로 "그래서? 그래서?", "오오!", "오호~" 하고 맞장구를 치는 노력이 필요합니다.

물론 상대가 조용히 이야기하는데 혼자 흥분해서 호들갑을 떤다든가, 반대로 상대가 들떠서 말하는데 조곤조곤 반응하면, 상대 여성은 '나와 대화의 리듬이 맞지 않아'라고 느낄 수밖에 없죠. 따라서 목소리의 톤이나 크기 같은 상대와 조화를 맞추는 것에 유의해야 합니다.

여성은 보통 문제를 대화로 해결할 생각이 없기 때문에, 그래도 여성에게 조언하고 싶을 때는 시간을 두는 것이 정답입니다. '그때 말이야…'라며 말을 꺼내면 남성의 상냥함을 나타낼 수 있고, '전의 대화를 기억해 주는구나!'라며 좋은 인상도 줄 수 있습니다.

여성은 남성에게 희로애락이나 자기주장을 나타낼 때, 상대가 불편하지 않은 정도의 배려를 잊지 않는 것이 중요합니다. 자기주장이 이기적이거나 부정적인 나머지 상대방에게 상처를 준다면, 차라리 안 하는 것만 못하죠.

먹고 싶은 것을 말할 때도 '프렌치', '일식', '든든한 것', '가벼운 것' 등으로 어느 정도 선택의 폭을 두어 남성에게도 선택할 여지를 만들어주는 배려가 필요합니다. '나는 그런 것은 좋아하지 않아'라며 완고하게 상대의 취향을 잘라버리는 대신 '나는 이쪽이 좋은데'라며 긍정적으로 표현하면, 남성의 자존심을 긁지 않을 것입니다.

사실 남성은 여성에게 명령받는 것을 싫어하지 않습니다. 어릴 적부터 어머니로부터 '정리해라', '청소해라'라며 계속 명령을 들으며 자랐기 때문이죠. 따라서 평소에는 배려하면서도 '오늘은 저 레스토랑에 가면 좋겠어'라며 졸라보는 것도 관계를 지속시키는 좋은 기폭제가 될 것입니다.

——————————— (HAPPY TALK) ———————————

능숙하게 자기주장을 하려면

여자: "나는 이쪽이 더 마음에 들어."

상대를 부정하지 않고 온화함과 긍정적으로 자기주장을 함으로써, 남성을 불쾌하게 만들지 않으면서 문제 해결을 위한 정보를 제공할 수 있습니다.

남자: "저번에 말한 그 문제는 이렇게 대응하는 것도 괜찮았을 것 같아."

여성에게 조언하고 싶을 때는 시간을 두는 게 현명합니다. 당신의 상냥함을 표현할 수도 있고, 이전의 대화를 기억해주고 있다는 점에서 좋은 인상도 줄 수 있습니다.

유머

남자는 만들어내고,
여자는 잘 웃는다

개그맨들의 높은 인기에서 알 수 있듯이, 유머 있는 남자는 밤의 긴자에서도 예외 없이 인기가 아주 많습니다. 그런데 많은 분이 잘 모르고 계신 부분이 있는데, 유머라는 것은 '서비스 정신'이라는 것이죠. 단지 재미있는 우스갯소리만 하면 되는 게 아니라는 뜻입니다. 상대방이 좋아하는 이야기로 즐겁게 해주는 게 진짜 유머인 것이죠. 실제로 개그맨은 사전에 여러 소재를 미리 준비하고, 관객의 반응을 보며 어떤 소재를 풀어낼지 결정한다고 하죠.

제가 접대하던 손님 중에 재계의 거물이 한 분 계셨는데, 이 분이 정말 유머가 넘치는 분이었습니다. 그런데 어느 날 신인 호스티스가 체격이 좋은 그분을 보고 "무슨 일 하세요? 소방관?"이라고 물은 적이 있었죠. 잘못하면 "무례하네. 내 얼굴도 몰라?"라고 화를 낼 수도 있는 상황이었습니다. 그런데 "응, 오늘도 불 끄고 왔어"라고 선뜻 대답하시지 뭡니까. 물론 클럽 안은 웃음바다가 되었지요. 이처럼 개그맨처럼 스스로 재미있는 이야기를 지어내는 건 서툴러도, 사소하지만 상대를 배려하는 위트 있는 유머는 누구나 충분히 가능합니다.

여러 심리 연구에 따르면 유머가 있는 남성이 인기가 많은 것은 만국 공통이며, 일반적으로 남성이 유머를 만드는 능력이 더 뛰어나다고 합니다. 그리고 다른 사람의 유머에 반응하여 웃는 빈도는 여성이 더 높다고 하죠.

또 이런 연구도 있습니다. 여성에게 데이트를 신청하고 싶은 경우, 자신의 사진에 재미있는 한마디를 곁들여 건네주는 것이, 그냥 사진을 건네주는 것보다 성공률이 훨씬 높았다고 합니다. 하지만 여성이 그렇게 하면 효과가 없었다고 하죠.

최근에는 개그우먼도 증가하고 있지만, 아무래도 유머 능력이 인기에 직결되는 것은 역시 남성인 것 같습니다.

그런데 흥미롭게도 결혼 후에는 여성들이 유머를 자주 선보이는 부부가 결혼 생활의 만족도를 유지하기 쉽다는 연구 결과가 있죠. 그러니 여성이 유머 감각을 발휘하는 것은 결혼 후까지 미뤄두는 것이 좋을지도 모릅니다.

그래도 남성과 마찬가지로 대화 중에 상대방을 기쁘게 하거나 즐겁게 하는 유머를 슬쩍 집어넣음으로써, 친밀도를 높일 수 있으니 꼭 도전해 보세요. 예를 들면 이런 문구는 어떨까요?

"○○씨는 여자 자주 울릴 것 같아. 대낮이나 야밤에나(웃음)."

"○○씨는 정말 멋진데… 좀 변태스러울 것 같아(웃음)."

"착하지, 착하지. 해줄게. 조금 있다가(웃음)."

"오늘은 기운이 없네. 아픈 거 아니야? 상사병? 나한테(웃음)."

--------------------------- HAPPY TALK ---------------------------

유머로 상대방을 즐겁게 하려면

여자: "○○씨는 여자 자주 울릴 것 같아. 대낮이나 야밤이나(웃음)."

대놓고 "인기 많을 것 같아"라고 칭찬하는 것도 나쁘지 않지만, 유머를 사용해서 칭찬하면 의외성이 있어서, 상대방의 인상에 잘 남고 대화도 잘되고 친밀도가 높아집니다.

남자: "응, 오늘도 불 끄고 왔어."

여자의 실언에 화내지 않고 유머로 받아칠 수 있으면 '여유 있는 남자는 멋있지'라며 호감도가 올라갑니다.

거짓말

남자는 위험을 피하기 위해,
여자는 공감하기 위해

호스티스는 손님이 "남자 친구 있어?"라고 물으면, 설령 있어도 "네? 있을 리가 없잖아요"라고 선의의 거짓말을 합니다.

호스티스란 손님에게 꿈과 환상을 파는 직업이기에 거짓말도 수단으로 삼는 것이죠. 운이 좋으면 호스티스를 꾈 수 있다는 꿈에 손님은 큰돈을 쓰는 것이니까요. 어설프게 솔직해져서 찬물을 끼얹는 게 꼭 좋은 일만은 아닌 것이죠.

이런 경우, 진실을 말했을 때의 위험(손님이 돈을 쓰지 않는)과 진실을 말했을 때의 이득(손님에게 거짓말을 하지 않아도 된다)을 비교하면, '거짓말을 하는' 것이 분명 위험을 최소화할 수 있습니다.

사실 호스티스의 거짓말은 남성적인 사고회로에 의한 것입니다. 남성은 여성이 "머리 잘랐는데 어때?"라고 물으면, 솔직한 생각(안 어울린다고 생각)을 말해서 기분을 상하게 하는 것보다는 "어울려"라고 거짓말을 하는 게 훨씬 이득임을 잘 아는 것이죠.

저도 손님을 접대할 때는 남성적인 사고회로로 거짓말을 종종 하지만, 여자 친구들을 만날 때는 여성적인 사고회로로 스위치를 바꿉니다. "머리 잘랐는데 어때?"라고 친구가 물어보면, 안 어울려도 "잘 어울려"라고 말하는 것이죠.

하지만 이것은 단지 위험을 피하기 위해서가 아닙니다. 어울리지 않는다는 '사실'보다는 "어때?"라고 행복하게 물어오는 친구의 만족감에 '공감'하는 게 중요하다는 것을 잘 알고 있기 때문입니다. 굳이 진실을 말해서 친구의 행복함을 망칠 필요가 없죠.

남성에게는 '뾰로통해지지 않는다', 여성은 '안심시켜준다'

본능적으로 위험을 회피하는 남성의 입장에서 그래도 진실을 듣고 싶다면, 진실을 들어도 언짢아하지 않으면 됩니다.

예를 들어 "맛있다!"라는 여성의 말에, 남성이 "그런가?"라고 의문을 나타냈을 때는 "사람마다 느끼는 게 다르구나!"라고 사실을 그대로 받아들이도록 해보세요. 나중에 비위를 맞춰줄 위험이 없다는 것을 알면, 남자는 솔직하게 속마음을 이야기하게 됩니다.

공감을 소중히 여기는 여성이 진실을 말해주길 바란다면, 평소에 "괜찮아? 나로 괜찮다면 이야기 들어줄게", "항상 네 편이야"라고 전해주는 것이 중요합니다. 속마음, 사실을 말해도 괜찮은 관계를 형성하는 것이 최단의 지름길인 것이죠.

상처주지 않는 거짓말은 그냥 흘려 넘겨도 OK

즐거운 거짓이 가득한 밤의 직업에 몸담았던 저로서는, 불편한 진실밖에 존재하지 않는 세계는 조금 밋밋하게 느껴집니다. '오늘 저 손님은 어떤 우스갯소리로 웃게 해줄까?' 하는 즐거운 기대감이 없었다면 호스티스 생활도 많이 힘들었을 것 같네요.

물론 바람을 피우며 배우자에게 하는 거짓말은 저도 매우 싫어합니다. 하지만 남을 해치지 않는 거짓말, 혹은 기쁘게 해주는 거짓말에 관대해지면, 인생은 더 즐거워질지도 모릅니다.

상대가 거짓말을 하는 수많은 이유 중의 하나는 바로 당신을 배려하는 마음 때문입니다. 이런 경우에는 진실을 알게 돼도, 모른 척하고 넘어가는 것도 하나의 방법이죠. 때로는 '나를 위해 거짓말을 해줘서 고마워'라고 당신의 진심을 전해, 상대를 두근거리게 하는 방법도 괜찮을 것입니다.

─────────────── ⟨ HAPPY TALK ⟩ ───────────────

속마음을 듣고 싶으면

여자: "진짜? 사람마다 느끼는 건 제각각이네!"

남성이 당신의 의견에 공감해주지 않는다고 실망할 필요는 없습니다. 당신이 언짢아지지만 않는다면, 그는 속마음을 말해줄 테니까요.

남자: "괜찮아? 나로 괜찮다면 네 이야기 들어줄게."

여성에게는 항상 이런 말을 해주는 게 중요합니다. 속마음을 말해도 서로 공감할 수 있는 관계를 해치지 않는다고 확신시켜주는 것이 중요해요.

채팅

남자에게는 업무 보고,
여자에게는 대화

남성에게 있어 채팅은 보고, 연락, 상담의 수단에 불과합니다. 볼일이 있어서 '연락한다'는 단순한 사고회로를 가지고 있는 것이죠. 물론 자신이 좋아하는 여성에게는 답장이 빨라지는 경향이 있지만, 본래가 칠칠치 못하기 때문에 자신의 기분이나 얼마나 바쁜지에 따라 답장을 보내는 시간이 제각각이고 일정하지 않습니다.

남성은 타인에게서 칭찬받고 싶은 마음이 강하기 때문에 헬스 트레이닝에 빠져 있으면 자신의 근육 사진을 매일 보내거나, 해외 출장을 가면 공항에서 찍은 사진을 보냅니다. 여성이 보면 별다른 의미도 없는 사진이지만 이것이야말로 남성의 특징인 것이죠. 한번은 라면에 깊이 빠져 있던 손님이 제게 매일같이 라면집의 포렴 사진을 보내온 적도 있는데, 라면 사진이라면 이해가 가지만 왜 하필 포렴 사진인지는 아직도 불가사의하죠.

그러나 여성에게 채팅은 대화나 전화와 똑같은 일상적인 소통의 도구입니다. 그래서 볼일이 없어도 '뭐 해?'라고 연락을 하고, '맛있겠다', '재밌겠다!' 와 같은 공감을 남성에게 바라죠. 여성은 상대 남성의 채팅 빈도나 답장 속도를 '자신에 대한 애정의 정도'로 결부시켜 생각합니다. 따라서 남성으로부터 메시지가 줄어들거나 답장이 늦으면 '사랑이 줄어들었나?'라며 불안을 느끼게 되는 것이죠.

남성에게는 업무 연락처럼 습관화하고, 여성에게는 답장이 늦은 이유를 밝힐 것

채팅을 자주 하지 않는 남성에게는 업무 연락을 주고받듯이 공통의 취미나 사건을 만드는 것이 최고입니다. '그 프로그램을 보면 채팅으로 소감을 나누자', '공통의 취미인 라면을 먹게 되면, 서로에게 보고하자'처럼 습관화할 수 있는 연락 사항을 만들어보는 것이죠.

긴자의 클럽에서는 타나바타(칠석七夕, 일본에서는 양력으로 7월 7일 – 옮긴이)나 발렌타인 데이 같은 이벤트를 끊임없이 만들기에, 업무 연락용 소재에 부족함이 없었죠. 그만큼 손님에게 연락하는 게 편했단 뜻입니다. 채팅 내용에 '그때 당신이 했던 그 말, 정말 기뻤어!', '지난번에 채팅할 때 당신 엄청 상냥했었어!'라고 칭찬을 해줌으로써, 남성이 의욕적으로 채팅을 해줄 확률을 올릴 수 있었던 것이죠.

남성은 좋아하는 여성에게 '답장이 늦어서 미안해. 내용을 생각하는 데 시간이 걸려서', '낮에는 바빠서 채팅을 확인할 수 없었어. 밤에 답장할게' 등으로 자신의 채팅 스타일을 알려주는 것이 좋습니다. 그러면 여성은 '나에게만 답장이 늦은 것은 아니구나!'라고 안심할 수 있게 되죠.

--- HAPPY TALK ---

채팅으로 오해하는 것을 방지하려면

여자: "다음에 라면 먹게 되면 알려줘! 나도 궁금하니까."

공통의 취미 등을 통해서 일상 소통을 할 수 있는 소재를 만들어보세요. 남성에게 '메시지를 더 보내줘!'라고 요구하지 않고도, 자주 연락을 주고받을 수 있게 됩니다.

남자: "항상 답장이 늦어서 미안해. 내용을 생각하는 데 시간이 걸려서."

답장이 늦거나 자주 채팅하지 못하는 이유를 먼저 이야기하는 것은 어떨까요? 그러면 '나에게만 답장이 느린 것은 아니구나!'라고 여성을 안심시킬 수 있습니다.

4

남자와 여자의 속마음

그린라이트 시그널

남자는 분위기를 체크하고,
여자는 위화감을 체크한다

2장의 '[첫 만남] 남성은 천생 여자가 취향, 여자는 청결한 남자가 취향'에서도 말씀드렸지만, 남성은 '여성스러운 분위기'에 끌립니다. 아무리 젠더리스의 시대가 되었다고 하지만, 그래도 역시 여성스러운 곡선미를 좋아하는 것은 어쩔 수가 없죠.

참고로 하치오지에서 긴자의 클럽으로 옮기고 얼마 안 될 무렵이었습니다. 당시 저는 홈쇼핑에서 저렴하게 구입한 드레스를 입고 접대하고 있었는데, 어느 날 한 손님이 '긴자에서 일하려면 드레스도 좋은 것을 입어야 한다'면서 고급 실크 드레스를 한꺼번에 10벌 정도 선물하는 것이었습니다. '드레스 = 매일 입는 작업복'이라며 크게 돈을 들이지 않아도 된다고 생각하던 저로서는 큰 충격이었죠. 역시 긴자는 다르다는 깨달음이 깊이 새겨진 체험이었습니다.

저는 지금도 업무를 위해 많은 양의 혼활(婚活, 결혼을 위한 활동 - 옮긴이)에 관한 도서를 독파하고 있는데, 이런 책들에는 대개 다음과 같이 쓰여 있습니다.

• 알기 쉬운 브랜드는 삼갈 것 → 지출이 많아질 것이라 예상하기 때문

• 너무 멋 부리는 것도 삼갈 것 → 남성은 세세한 것은 모르기에 트렌드를 의식한 패션은 필요 없다

이것은 긴자에서 일하던 제가 봐도 정말 깊게 수긍할 만한 포인트입니다.

제가 손님에게서 드레스를 선물받은 것처럼, 어중간한 옷을 몸에 걸치는 것보다는 자신에게 맞는 옷을 입고 있는 편이 좋습니다.

여성들은 맞선이나 데이트를 위해 '옷을 사지 않으면 안 된다'라고 생각하곤 합니다. 그러나 유감스럽게도 그것은 자신의 기분을 좋게 하는 데만 도움이 될 뿐입니다. 남성의 호감을 끄는 데는 전혀 상관없고, 관계를 돈독히 할 수도 없죠.

그렇다면 여성들은 남성들의 패션을 어떻게 보고 있을까요?

여성이 체크하는 것은 '뭔가 이상한 부분이 있는지 없는지'입니다. 여성은 만난 지 7초 만에 상대를 판단하기 때문에, 첫눈에 봤을 때의 위화감이 남성의 인상을 크게 좌우하죠. 즉, 특별히 멋쟁이일 필요는 없습니다. 위화감을 주지 않는 평범한 패션이라도 전혀 문제가 되지 않습니다. 문제는 그 '평범함'을 남자들이 좀처

럼 이해하지 못한다는 것이죠.

남성에게는 '조금 촌스러운' 정도가 딱 좋음

여성스러운 분위기를 원하는 남성에게는 다음과 같은 지극히 평범한 패션이 잘 먹힙니다.

- 심플한 원피스
- 니트에 플레어스커트
- 흰색 블라우스에 타이트한 스커트

여성 입장에서는 트렌드인 파워숄더가 훨씬 귀엽지만, 안타깝게도 남성들 눈에는 '어깨가 심히 부풀어 오른' 기묘한 옷으로 비칠 뿐이죠. 따라서 너무 긴장하지 말고 '조금 촌스러우면 어때?' 정도로 어깨에 힘을 뺀 패션으로 임합시다.

여성에게는 '딱 맞는 치수, 지나치지 않은 패션 센스, TPO(Time, Place, Occasion)'가 중요

위화감을 중요시하며 체크하는 여성에게는 '비호감'을 사지 않는 패션을 목표로 하는 것이 정답입니다. 호감도를 올리기 위해서가 아니라 '이 사람, 생리적으로 받아들여지지 않아'라는 말을 듣지 않도록, 감점 포인트를 만들지 않는 패션이 중요하다는 뜻이죠. 이때 조심해야 할 포인트는 다음의 세 가지입니다.

딱 맞는 치수

패션을 어려워하는 남성의 경우, 자신의 치수를 잘못 알고 있는 사람이 많습니다. 너무 헐렁하거나 너무 타이트한 옷은 위화감을 주는 큰 원인이죠. 특히 헐렁한 옷은 단정치 못하게 보이므로 딱 맞는 치수를 선택하는 것이 중요합니다. 최근에는 저렴한 가격대의 맞춤 주문도 많이 있고, 캐주얼한 양복도 사이즈가 다양해지고 있으므로, 인터넷 쇼핑으로 절약할 생각 말고 꼭 매장을 찾아 직접 착용해 보는 것을 추천합니다.

지나치지 않은 패션 센스

목에 꼬불꼬불한 스톨을 두른다든지, 카우보이모자를 쓰는 등 패션에 도전하는 마음가짐은 훌륭합니다만, '개성 강한 패션'은 호불호가 갈리기 쉽기 때문에 데이트에는 적합하지 않습니다. 다양한 문양을 조합하는 상급자를 위한 코디도 가급적 피하는 것이 무난합니다.

TPO에 맞는 센스

여성이 모처럼의 데이트라고 잔뜩 멋을 부리고 왔는데, 남성이 슬리퍼나 반바지 차림을 하고 왔다면 어떨까요? 부디 장소에 어울리는 복장을 유념해주세요.

패션을 칭찬하면 지뢰를 밟기 쉽다

패션은 맨 처음 눈에 보이는 것이기에 칭찬하기 쉬운 포인트임에 분명합니다. 그러나 남성들은 무심코 '가방 엄청 비쌀 것 같네요'라고 말해 여성을 질려버리게 만들기도 하죠. 물론 남성 입장에서는 그냥 소감을 말했던 것일 뿐일 수도 있습니다. 정말 억울

할 수도 있죠. 하지만 물건 값을 언급하는 건 매너 위반입니다. 그럴 때는 "○○씨의 그것 정말 예쁘네요!"라는 칭찬이면 충분합니다. '당신에게 어울린다', '당신이 들고 있으니까 멋져 보인다'라는 뉘앙스로 칭찬하면 그만인데, 이 간단한 것을 남성들은 잘 못하니 정말 답답할 노릇이죠.

여성들은 남성의 패션을 보고 칭찬할 점이 없다고 느낄 때가 많지만, 조금이라도 나름 노력하는 모습이 보이면 '센스가 좋으시네요!'라고 칭찬해줍시다. 그러면 매우 기뻐할 게 틀림없으니까요.

HAPPY TALK

패션을 칭찬할 때

여자: "센스 좋으시네요!"

패션뿐만 아니라 말하는 내용이나 단어 선택이 멋지다고 느낄 때도 쓸 수 있는 말입니다. 그러면 '자신의 감성을 이해해주는 사람'이라고 느끼게 해줄 수 있습니다.

남자: "○○씨의 그것 정말 예쁘네요!"

옷이나 액세서리를 칭찬할 때는 '너에게 어울려', '당신이 가지고 있으니까 멋져

보인다'라는 뉘앙스로 칭찬을 해보세요.

 **액세서리**

남자에게는 갑옷,
여자에게는 단순한 멋 부림

긴자를 찾는 손님은 재질이 좋은 슈트는 물론 고급 시계나 넥타이핀, 커프스 링크, 포켓 스퀘어 등으로 자연스럽게 멋을 내는 분이 다수입니다.

개중에는 고가의 액세서리를 주렁주렁 착용하는 손님도 종종 있는데, 이런 손님은 '눈에 띄고 싶다', '주목받고 싶다'라는 인정 욕구가 높은 경우입니다. 콤플렉스를 가지고 있는 것이죠. 키가 작다든지, 가족 모두가 의사지만 자신만 아니거나, 어린 시절에 집이 가난했다거나 같은 콤플렉스 말이죠. 지금은 남부럽지 않게 성공했지만, 대화를 나누다 보면 그들의 말 속에서 은연중에 열등감이나 외로움이 느껴질 때가 자주 있었습니다.

이렇게 콤플렉스를 가진 분 중에 액세서리를 과하게 착용하는 경우가 많은데, 이것은 남녀를 불문하고 자기 현시욕과 허영심의 표시로 읽을 수 있습니다. 가난한 마음을 가진 자신을 지켜주고 숨겨주는 갑옷과 같은 역할을 하는 것이죠.

긴자 호스티스들이 애용하는 액세서리라고 하면 무조건 고가의 브랜드를 떠올릴 것입니다. 이를 서로 경쟁하듯이 치장하며 손님을 유혹하리라 생각하기 쉽죠. 하지만 꼭 그렇지만도 않습니다. '사람마다 다르다'라고 하는 것이 정답이죠.

스와로브스키 목걸이 같은 화려한 액세서리로 자신을 뽐내는 분도 있지만, 가격을 알면 펄쩍 뛸 정도의 고가 브랜드임에도 눈에 띄지 않는 우아한 디자인을 선호하는 분도 있습니다.

저는 호스티스 활동 당시 어중간한 액세서리는 착용하지 않는 전략을 썼습니다. 애매한 물건을 몸에 걸치느니 깔끔하게 몸에 아무것도 착용하지 않았죠.

그 덕에 기대하지도 않았던 선물을 종종 받기도 했습니다. '허전해 보여서, 받아주세요'라며 손님이 선물을 건넸던 것이죠. 그리고 어느 정도 풍족할 정도로 돈을 벌게 된 후로는 목, 손목, 발목 등 이른바 '3목'이라 불리는 부위에 작지만 고상한 액세서리를 착용하기 시작했습니다.

존재감을 내뿜는 액세서리는 화려하고 멋지죠. 하지만 진지한 대화를 나눌 때는 번쩍이는 빛이 방해가 될 수도 있다는 것을 알아야 합니다.

남성은 '단 한 점만 쓰기', 여성은 '작지만, 품위 있는 것'

여성의 호감도를 올리고 싶다면, 남성은 너무 과도한 액세서리는 착용하지 않는 것이 현명합니다. 남성은 액세서리를 착용하는 사람 자체가 적어서 조금만 꾸며도 훨씬 더 눈에 띄기 쉽죠. 따라서 액세서리를 착용해도 반지만 하는 등의 어느 한 곳만 착용하는 게 좋습니다.

여성 또한 굳이 화려한 액세서리를 착용할 필요가 없다고 저는 생각하는데, 심리학 연구 결과를 보면 '남성은 액세서리를 착용하고 있는 여성의 부탁을 좀 더 들어주려는 경향'을 보인다고 하니 작지만 품위 있는 액세서리를 사용하는 것을 추천합니다. 이런 액세서리는 여성을 가냘프게 보여주는 효과가 있죠. 특히 목걸이의 위치를 고치려 할 때의 몸짓도 여성스럽게 보일 수 있습니다.

'집을 나서기 전에 거울을 보고, 몸에 지닌 액세서리를 하나 빼라.'

이것이 바로 그 유명한 코코 샤넬의 조언입니다. 역시 아름다움이나 고상함은 '심플함' 속에 깃들어 있는 것 같습니다.

몸에 지니는 것으로 그 사람의 내면이 드러난다

덧붙여 저는 액세서리를 많이 걸친, 자기 현시욕의 뒤에 강한 열등감이 숨어 있는 손님에게는 '○○씨가 있는 것만으로 안심이 돼요'라며 그의 존재 자체를 긍정하는 말을 해주려 노력했습니다. 사실 이건 남성에게만 효과적인 게 아니죠. 여성도 스스로에게 자신감이 없는 경우가 많으므로, 여성에게도 잘 먹히는 문구라고 생각합니다.

그리고 이렇게 액세서리를 많이 차는 손님에게 저는 '알려주세요', '도와주세요'라고 부탁하며 '의지'하는 접객을 자주 사용했습니다. 이러한 유형의 손님은 '관종(관심을 한껏 받고 싶은)' 기질을 가지고 있는 경우가 대부분이기 때문이죠. 이런 관종 기질이 꼭 나쁜 것만은 아닙니다. 오히려 신뢰를 쟁취하면 같은 편이라는 생각에 보통 손님들보다 훨씬 더 친밀해지며 잘 돌봐주는 경향을 보이기 때문이죠. 따라서 관종 기질을 가졌다고 피할 필요가 없습니다. 되레 내 편으로 끌어당기는 현명함이 필요하죠.

이처럼 몸에 걸치는 것만으로도 그 사람의 내면을 알 수 있으니 주의 깊게 관찰해보세요.

──────────── (HAPPY TALK) ────────────

자기 현시욕이 강한 사람을 대할 때

여자: "한 수 배우겠습니다!"

자기 현시욕이 강하고 튀고 싶어 하는 남성에게는 '알려주세요' 등의 말로 의지

하면 신뢰를 얻을 수 있습니다.

남자: "○○씨가 있어 주는 것만으로 안심이 돼요."

액세서리를 많이 착용하는 건 자신 없음을 나타내는 것. 그의 존재 그 자체를

긍정해주는 말을 해주세요.

향기

남자의 향기는 에티켓,
여자의 향기는 각인

　남성은 어떤 향수를 쓸지 신경 쓰기 전에 먼저 '체취'나 '가령취加齡臭(노화에 따른 냄새)'를 점검하는 것이 중요합니다. 직업 특성상 많은 남성을 접객한 제 경험에 따르면, 잔뜩 멋을 내고 있어도 정작 자신의 체취에는 별다른 자각이 없는 손님이 정말 많습니다.
　문제는 여성은 남성보다 훨씬 더 후각에 예민하다는 것입니다. 정말 냄새에 민감하죠. 따라서 냄새에 신경을 쓰는 것만으로도 여성에게 인기를 끌 가능성이 현저하게 높아집니다.

　냄새는 기억과 깊게 연결되어 있기에 호스티스는 향수를 영업 도구로 적극 활용합니다. 비가 오는 날에는 흙과 습기가 혼합되며 독특한 냄새가 풍긴다는 것을 우리는 익히 알고 있죠. 이처럼 어떠한 냄새로 인해 어릴 적 기억이 되살아나듯이, 호스티스들은 '이 향기를 맡으면 ○○가 생각나'라는 소리를 들을 수 있도록 기본적으로 같은 향수를 계속 사용합니다. 물론 그 탓에 출장에서 돌아올 때마다 향수를 선물하는 손님도 많기에, 수십 개의 똑같은 향수가 생기는 일도 종종 생기곤 하죠.
　호스티스 중에는 명함이나 손님에게 보내는 편지에 살짝 향수를 묻히는 이들도 많습니다. 손님이 추후에 향기를 살짝 맡게 되면, 강하게 인상을 줄 수 있기 때문입니다.

 '단순 접촉 효과'라는 심리학 연구에 따르면 만나는 횟수가 많으면 많을수록 호감을 사기 쉽다고 하죠. 호스티스들도 손님이 클럽에 와 주시는 것 이외에, 채팅 등으로 접촉을 늘리도록 많은 노력을 기울입니다. 이때 명함이나 편지에 살짝 묻히는 향수의 효과를 잘 활용하면 손님과의 접촉을 보다 효과적인 형태로 늘릴 수 있다는 것입니다.

남성에게는 여성이 싫어하지 않는 유니섹스 계열의 향수를 추천

 베갯잇에서 냄새가 나는 남성은 가령취가 발생하고 있을 가능성이 큽니다. 이때는 전용 보디샴푸, 헤어샴푸로 관리가 필요합니다. 또 냄새의 발생원이 세탁이 힘든 정장일 가능성도 있으니 탈취제를 사용하고, 클리닝을 자주 맡겨 유의할 필요가 있습니다.

 여유가 된다면 꼭 향수에 도전해 보시길 바랍니다. 굳이 남성에 한정되는 이야기가 아닙니다. 향수를 뿌리면 '플라세보 효과'가 작용해 스스로에 대한 자신감을 느끼게 된다고 합니다. 플라세보 효과란 위약 효과를 말하는데, 효과가 없는 가짜 약으로도 진짜 약의 효과를 낼 수 있는 심리적인 작용을 말하죠. 실제로 향수에는 약효가 존재할 리 없죠. 하지만 '멋진 향을 풍기고 있는 나는 매력적인 사람이다'라는 자신감이 생기게 되니, 플라세보 효과라고 충분히 말할 수 있는 것입니다.

어떤 향수를 사용해야 할지 모르겠다면, 간편하게 남녀 공용 향수를 적극적으로 추천합니다. 너무 달콤하지도 않고 톡 쏘지도 않는, 남녀 겸용으로 사용할 수 있는 향이기에 여성이 싫어할 가능성이 적은 것이 포인트이죠.

남성 향수는 뿌리는 방법도 중요한 포인트입니다. 향수 냄새가 너무 독한 남성은 여성에게는 부정적인 효과를 줄 수도 있기 때문이죠. 따라서 향수를 공중에 뿌리고 그 속을 지나가거나, 무릎 뒤나 복부에 뿌리면 은은하게 향기를 낼 수 있으니 활용해 보세요.

여성은 향수 뿌리는 방법에 따라 차이를 만든다

여성의 경우, 역시 인기 부동의 향수는 '비누 향'으로 알려져 있습니다. 하지만 긴자는 어른들의 놀이터이기 때문에 조금 사정이 다르죠. 당연히 '여성스러움'을 보다 강조하는 달콤하고 농밀한 향수를 뿌리는 호스티스가 대부분입니다. 이러니 다들 비슷한 향수를 사용하는 경우가 많은데, 겹치는 것을 방지하기 위해서 다른 향을 덧입혀 고유의 향을 연출하는 이들도 있습니다.

일반적으로 향수는 체온이 높으면 향기가 확산하기 쉽기 때문에 '맥이 뛰는 곳(목덜미나 손목)'에 바르면 좀 더 효과적이라고 알려져 있는데, 호스티스는 심지어 허벅지나 발목에도 향수를 뿌립니다. 이것은 앉거나 일어서는 경우가 많아서 움직일 때마다 향기를 풍길 수 있기 때문이죠. 여러분도 충분히 활용할 수 있는 기술이라고 생각합니다.

다만, 식사 중에 향수를 뿌리는 것은 비매너임을 기억해야 합니다. 달콤하고 무거운 '밤'의 향수는 식사를 할 때는 물론, 지하철이나 택시를 탈 때도 뿌리지 않는 것이 좋습니다. TPO를 소중히 하고 향을 즐기는 자세가 필요하죠.

─────────────── ⟨ HAPPY TALK ⟩ ───────────────

향기를 화제로 삼을 때, 해서는 안 되는 말

여자: "○○씨가 가까이 오면 금방 알 수 있어."

이것은 '당신의 향수 냄새, 너무 독해요'와 같은 의미입니다. 같은 직장 사람에게 개선해 주었으면 할 때는 효과가 있는 말이지만, 친하지 않은 관계라면 조심하는 것이 좋습니다.

남자: "샴푸의 좋은 향기가 나네요."

냄새를 맡고 있다고 생각해 불쾌하다고 느끼는 여성도 적지 않습니다.

동작 남자가 숨기는 것은 손에 나타나고,
여자가 숨기는 것은 입술에 나타난다

　말은 의식해서 만들어내는 것이지만, 일상생활 속의 동작은 무의식으로 행해지는 것입니다. 그런 만큼 심리학의 세계에서는 '속마음은 무의식적인 행동으로 나타난다'라고 말하죠.

　긴자의 호스티스들은 거의 초능력자 수준으로 손님의 동작으로부터 여러 가지 정보를 얻고, 또 스스로 활용하면서 손님에게 작업을 걸고 있답니다. 저 역시 접객을 할 때 손님의 동작을 최대한으로 활용했었죠.

　제 경험상, 남성들은 특히 무의식적인 손동작에 속마음을 담는 존재입니다. '손바닥(속마음)을 감춘다'(일본의 관용구 – 옮긴이)라는 말처럼 실제로 남성들은 속마음을 말하고 싶지 않거나, 숨기는 것을 들키고 싶지 않거나, 불안을 느끼고 있을 때, 무의식적으로 손을 주머니에 넣거나 테이블 아래로 손을 숨기죠.

　이럴 때 저는 '나한테 뭐 숨기는 것 없어? 화내지 않을 테니까 말해줘'라고 물어보곤 했습니다. 그러면 거의 대부분의 손님들이 '실은 다른 클럽에 갔었어', '미나코를 좋아하지만, 전 여자 친구랑 다시 만나' 같은 놀라울 정도로 속사정을 털어놓았었죠.

남자가 주먹을 쥐면 거절의 신호!

또한 손님이 '오늘 돈을 너무 많이 쓴 것 같아. 더는 무리야'라고 느낄 때면, 주먹을 쥐는 일이 많아지는 것을 볼 수 있었습니다. 즉, 주먹을 쥐는 것은 거절의 사인이라고 할 수 있죠. 이런 신호가 보이면, 저는 '언제나 나를 위해줘서 고마워. 다음에는 내가 저녁 사게 해줄래? 이 정도밖에 못해주지만… 항상 ○○씨에게는 받기만 하니, 나도 마음으로 갚고 싶어'라고 말하곤 했습니다.

따라서 만약 사귀고 있는 남성이 주먹을 불끈 쥐기 시작하면, 더는 어떤 말을 해도 귀담아듣지 않을 거라 판단하고, 재빨리 화제를 돌리는 것이 좋습니다.

읽으시면서 감이 온 여성 독자 분들도 계시겠지만, 남성을 대하는 방법은 기본적으로 '어휘가 적고, 말로 표현하는 것이 서툰 아이를 대하는 방법'과 비슷합니다. 저는 호스티스 시절에 유아교육책도 즐겨 읽었는데, 참고할 만한 것들이 정말 많았죠. 여러분께서도 한번 읽어보시길 추천합니다.

여성이 입술을 내밀고 있으면 불만을 품고 있는 사인!

한편, 여성은 입술의 움직임으로 속마음을 표현하는 존재처럼 느껴집니다. 마스크가 필수인 요즘 시기에는 남성에게 조금 불리할 수도 있겠네요(웃음).

저 역시 제가 일하던 클럽의 여자 사장님의 기분을 입술로 헤아리고는 했습니다. 사장님은 호스티스들에게 주의를 시킬 때면 일단 입술을 오므리는 버릇이 있었는데, 이것은 하고 싶은 말을 참는 사인이었습니다. 속마음은 엄하게 주의를 주고 싶지만, 가급적 부드럽게 전달하자고 다짐할 때 무심코 나오는 동작이었죠.

실제로 불안감을 느끼거나 심적으로 동요할 때, 여성은 입술을 깨물거나 핥는 동작을 많이 합니다. 하고 싶은 말을 할 수 없을 때는 입술을 삐죽 내밀거나 오므리는 동작을 자주 하죠. 따라서 상대 여성이 불만을 품고 있는지를 확인하고 싶다면, 입술에 주목할 필요가 있습니다.

만약 이런 동작을 보게 된다면, '나 둔하니까, 뭔가 실수를 했다면 말해줘'라고 상대가 속마음을 드러낼 수 있도록 말을 걸어주는 게 좋습니다.

---------------- (HAPPY TALK) ----------------

무언가 숨기는 동작이 보일 때

여자: "뭐 나한테 숨기는 거 없어? 화내지 않을 테니까 말해줘."

남성에게 이런 말을 하면, 상당한 확률로 속마음을 드러냅니다.

남자: "나 둔하니까, 뭔가 실수를 했다면 말해줘."

여성에게 이런 말을 하면, 상대방이 속마음을 털어놓기 쉬운 분위기가 만들어

집니다.

자세 남자는 흐트러진 자세가 그린라이트,
여자는 단정한 자세가 그린라이트

긴자 클럽을 찾는 손님들은 처음에는 어느 정도 긴장한 모습을 보여줍니다. 그러나 이어지는 대화나 술로 서서히 긴장을 풀게 되죠. 이때 호스티스가 '아, 나에게 마음을 열어주셨구나'라고 알 수 있는 게 있습니다. 바로 손님이 취하는 '자세'의 변화입니다.

손님이 집에 있을 때처럼 몸을 소파에 편하게 맡기고 깊숙이 앉아, 다리를 벌리기 시작하면 마음을 열고 있다는 사인입니다. 심리학에서도 남성은 마음을 준 사람 앞에서는 자세가 무너진다고 하죠. 다리를 벌릴수록 자신의 공간(타인이 다가가면 불쾌하게 느껴지는 공간을 말함)이 넓어지기 때문에 아늑한 상태가 되는 것이죠.

실제로 처음 클럽을 찾는 손님들은 자신을 크고 멋있게 보이려고 가슴을 펴고 반듯하게 자세를 취하지만, 찾는 횟수가 늘어날수록 긴장을 풀고 응석부리듯 자세가 무너지는 것이 보편적이었습니다.

여성은 남성과 정반대입니다. 좋아하는 사람 앞에서는 좀 더 예쁘게 보이고 싶다는 긴장감에 자세가 오히려 반듯해지죠.

덧붙여서, 당신 앞에서 여성이 어깨를 내리고 있다면? 유감스럽게도 당신에게 호의가 없을 가능성이 높습니다. 호감은커녕 싫

어하는 감정을 품고 있을 가능성이 높죠. 여성은 싫어하는 사람
을 떠올리는 것만으로도 어깨를 내리는 습성이 있다고 합니다.

남녀의 그린라이트 사인은 정반대!
오해해서 사랑의 기회를 놓치지 마세요

남성의 그린라이트 사인을 알고 싶다면, 앉은 자세와 얼마나
다리를 벌렸는지를 확인해 보세요. 자세가 흐트러지고 자연스럽
게 다리가 벌어져 있다면, 호의가 있다는 증거입니다. 반대로 다
리를 벌린 폭이 좁다면, 긴장하고 있거나 여성의 이야기에 응하
고 있지 않다고 신호이죠. 이럴 때는 대화의 템포를 올려 좋은 반
응을 해주거나, 화제를 바꾸는 것이 좋습니다.

'○○씨와 이야기하면, 매우 즐겁다!'라고 긍정적인 말을 건네
면, 남성의 긴장이 완화되며 마음을 열 가능성이 커집니다. 덧붙
여서 몸을 내던지듯이 소파에 깊숙이 앉아 나른한 모습을 하는 것
은 성적性的 충동의 사인이라고 하는 연구도 있습니다.

여성의 그린라이트 사인은 아무리 술에 취하거나 피곤해도, 반

듯한 자세를 유지하려고 하는지 아닌지에 나타납니다. 남성은 자신이 좋아하는 여자 앞에서는 흐트러지기 때문에 여성의 자세가 반듯하면 '마음을 열어주지 않은 건가?' 하고 불안해하기 쉽습니다. 하지만 남녀는 정반대라는 것을 명심하고, 사랑의 기회를 놓치지 않도록 주의해야 합니다.

또 여성은 긴장하면 평소보다 머리를 만지는 횟수가 늘어난다고 합니다. 따라서 상대 여성이 머리를 자주 만지는 경우 '둘만 만나니 긴장되죠? 저도 지금 너무 긴장해서 몸이 얼어붙었어요!'라고 공감을 나타내면, 안심하고 호감을 느낄 가능성이 커집니다.

긴장을 풀고 마음을 열어주었으면 할 때

여자: "○○씨와 이야기하면, 굉장히 즐거워!"
남성에게 안심할 수 있는 말을 하면, 긴장이 풀려 마음을 열어줄 가능성이 커집니다.

남자: "둘이서 만나는 건 긴장되죠? 저도 지금 너무 긴장해서 몸이 얼어붙었어요!"

여성에게는 공감을 표시하는 것이 무엇보다 중요합니다.

식사

좋아하는 이성 앞에서 남자는 대식가가 되고, 여자는 소식가가 된다

남성의 식사량은 여성과 함께 있을 때 평소와 달라진다는 연구 결과를 알고 계시나요? 특히 마음에 드는 여성 앞에서는 자신의 존재감을 어필하기 위해 평소보다 많이 먹는 경향을 보인다고 하죠. 따라서 남성이 음식을 많이 먹거나, 술을 많이 마신다면, 그린 라이트 사인이라고 생각해도 무방합니다. 애써 당신의 마음을 끌어당기려 노력하는 것이니까요. 그럴 때 '남자답다!'라고 칭찬을 해주면 기뻐할 게 틀림없습니다.

긴자를 찾는 손님들도 이런 경향을 보여주는데, 호스티스가 마음에 들면 좋은 인상을 남기고 싶은 마음에 일부러 고가의 술을 주문해 많이 마셔주는 것이죠. 하지만 관계가 오래되면 점점 이런 허영심을 부리는 경우도 드물어지기 마련입니다. 이렇게 관계가 소원해질 때 무엇이 필요하다? 일부러 다툼을 일으켜 긴장 관계를 형성하는 것이죠.

여성에게 '성적인 설렘'과 '포만감'은 같은 것!?

반대로, 여성은 마음에 드는 남성 앞에서는 소식을 하게 됩니다. 이는 연애 호르몬이라 불리는 페닐에틸아민(PEA) 때문이라고 하죠. 연애 초기에 특히 대량으로 분비되는 PEA는 성욕 중추를 자극하는 도파민의 농도를 높이는 작용을 하는데, 신기하게도 여성의 성욕 중추와 섭식攝食 중추는 남성보다 거리가 가깝다고 합니다. 즉, 여성은 성적으로 흥분하면 가까이 있는 섭식 중추도 자극이 되고, 결과적으로 먹지 않아도 포만감을 느끼게 되는 것이죠.

참고로 여성은 배가 부르면 성적 흥분을 느끼기 쉬워진다고 알려져 있는데, 이것 역시 섭식 중추가 성욕 중추를 자극하여 포만감을 성적인 흥분으로 착각하기 때문이라고 합니다. 여성을 유혹하고 싶을 때, 남성이 식사를 권유하는 것은 지극히 이치에 맞는 것이죠.

따라서 여성이 음식을 남길 때 "안 먹어도 괜찮겠어? 뭐라도 먹어"라고 억지로 음식을 권하는 것보다는 "대신 먹어줄까?"라며 대식가임을 어필하는 것이 훨씬 더 좋은 방법입니다.

───────────── (HAPPY TALK) ─────────────

식사 중의 칭찬

여자: "남자답다!"

남성의 왕성한 식욕은 그린라이트 신호. 이렇게 칭찬을 해주면 좋아할 게 분명해요.

남자: "대신 먹어줄까?"

여성은 남성에게 잘 보이기 위해 일부러 음식을 사양하는 것이 아닙니다. 마음에 드는 남성 앞에서는 정말로 PEA의 작용으로 인해 식욕이 없을 뿐이죠. 따라서 억지로 먹도록 권해도 의미가 없으므로, 이런 말로 당신을 어필하는 것을 추천합니다.

이성의 속마음을 알면,
사랑을 이룰 확률을 높일 수 있다!

'저 사람은 왜 나를 돌아봐 주지 않는 것일까? 왜 내 생각과는 다른 방향으로 엇갈려 버리는 것일까?'

연애는 왜 이리도 어려운 것일까요? 자신과는 전혀 다른 사고 회로를 가진 이성異性을 상대해야 하기 때문입니다.

사람은 입 밖에 내서는 안 될 속마음은 가슴에 꼭꼭 담아두는 법입니다. 밤의 세계에 들어섰을 당시, 저도 지금까지 몰랐던 남녀의 속마음을 알고, 무척이나 낯설기도 하고, 심심찮은 충격도 받았죠.

그래도 모르는 것보다는 알아서 다행이라고, 지금은 생각합니다.

겉으로 잘 드러나지 않는 이성의 사고회로나 행동 패턴을 알아두는 것은 매우 중요합니다. 벼락치기로 시험을 보는 것이 무모한 것처럼, 아무런 대책도 없이 사랑을 쟁취할 수 있는 것은 타고난 꽃미남이나 미녀, 혹은 소통 능력이 갖춰져 있는 극소수의 사람뿐입니다.

하지만 이성의 속마음을 알기만 하면, 대책을 세우는 것이 가능해집니다. 겉모습만으로 연애 대상에서 제외하거나, 상대를 불쾌하게 하거나 하는 일이 없어져, 사랑이 이루어질 확률을 확연히 높일 수 있기 때문입니다.

부디, 이 책이 예전의 저처럼 '평범한 연애를 하고 싶다', '이성의 속마음이 보이지 않는다'라고 고민하는 사람들에게 도움이 되길, 진심으로 응원합니다.

처음이고 싶은 남자 마지막이고 싶은 여자

초판 1쇄 인쇄 2023년 7월 10일
초판 1쇄 발행 2023년 7월 15일

지은이 | 세키구치 미나코
옮긴이 | 윤성규
펴낸이 | 안숙녀
편집 | 신현대
디자인 | 김윤남

펴낸곳 | 창심소
등록번호 | 제2017-000039호
주소 | 서울시 강서구 허준로 175 가양6단지 613동1301호
전화 | 02-2636-1777
팩스 | 02-2636-2777
메일 | changsimso@naver.com
블로그 | https://blog.naver.com/changsimso19

ISBN 979-11-91746-09-9 (03190)